改訂版〔第二版〕

節電住宅

自然エネルギー利用の家づくり

白岩且久

同時代社

高断熱・高気密
＋
自然エネルギー利用住宅

本文 173 頁参照

❶外観
❷3層吹き抜けでも寒くない
❸集熱用のファンとダクト
❹夏、ひんやりする玄関

❶外観

❷2F 4万冊の蔵書がはいる書庫

❸書庫の南側

❹1F玄関

鉄筋コンクリート外断熱
＋
自然エネルギー利用住宅

本文 171 頁参照

❶外観
❷2Fリビング
❸ロフト
❹1F和室

高断熱・高気密住宅

❶外観

❷1F食堂

❸2Fリビング

❹3F廊下

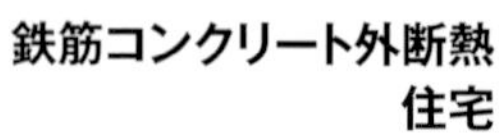

鉄筋コンクリート外断熱住宅

本文 32 頁参照

改訂版〔第二版〕

節電住宅——自然エネルギー利用の家づくり／目次

＊本書は『環境家族』（２０１０年、同時代社）を改題、大幅に加筆・修正した『改訂版　節電住宅』（２０１７年、同時代社）の第二版である。

改訂版〔第二版〕　はじめに

コロナが下火になったかと思ったら、今度は世界のあちこちで大規模な戦争が起こり、先行き不安が増大しました。円安とエネルギー費の高騰はとどまる所を知らないようです。特に日本は石油や天然ガスのほとんどを輸入に頼っている国です。円安と中東の政情不安は産業だけでなく、民生用のエネルギー費の増大に拍車をかけ家計を直撃しています。

こんな時代こそ、省エネで快適な生活環境が得られる技術が求められています。ソーラーパネルを使用したり、地下10mまでパイプを打ち込み冷熱を採取する、というものではありません。それらは製造に多大なエネルギーを使用し、廃棄するにもエネルギーを必要とします。もっと単純で製造コストがかからず、ランニングコストも抑えられる技術があります。

私は20年以上前から自然エネルギーを利用した冷暖房システムを考え、その技術の実現を追及してきました。その間に自然エネルギーを利用した空調システムで5件の特許を取得しました。それらの技術を使用して住宅を作ると、劇的に冷暖房費が下がります。条件がよければ0ということもあり得ます。おこがましいですが、やっと時代が私に追いついてきたという感じです。

新築やリフォームをお考えの皆様、ぜひこの原理を利用した家づくりをしてください。何も私の会社に建築を頼むことはありません。設計事務所や工務店にこの本を見せ、この通りに作ってくれと言えばいいのです。数年前のことですが、当社に設計事務所の所長がいきなり訪問してきました。「お客様が高断熱高気密の住宅を作りたいと言っているので、ネットで探したらお宅がでてきた。得意そうなのでお願いします。ただ一応相見積にします」と言いました。そこで当社のノウハウをその設計事務所に教えました。当社のノウハウが詰まった設計図書が出来上がり、見積を提出しました。他社より当社のほうが高かったのですが、当社を選んでいただきました。

また、知人が八ヶ岳の麓に別荘を建てるので知恵を借りたいと言ってきました。地元の工務店に頼んだのだけど、断熱と気密の知識が全くないとのことでした。冬には零下マイナス20℃にもなる寒冷地なので心配だと言いました。『節電住宅』の本を渡し、図面も渡し、その工務店に「高断熱高気密」住宅の作り方を教えました。冬場に現地の現場に行き、直接指導もしました。完成が近くなると断熱性能がきき、工事現場の中はとても暖かく仕事がはかどります。現場の大工さんから「なんでこんなに暖かいの」と驚きながら聞かれました。

別荘の完成後、数年経ってから、八ヶ岳に行く機会があり、知人の別荘の近所の家を訪問しました。時期はもう11月末でしたので、その家では、薪ストーブを焚いていました。しかし、その後すぐに、知人の別荘を訪ねてみると、暖房をいれていないのにもかかわらず、中に入った途端、暑くて窓を開けたほどでした。

当社の近所で住宅を建て替えられたお客様の例です。親から譲りうけた昭和の建物に住んでいたご夫婦です。その家は、夏はとても暑く、冬は限りなく寒かったので、当社の「節電住宅」に建て替えました。完成後、建て替え中に住んでいた仮住まいのワンルームよりも、この新築の4LDKの方が、光熱費が安いと喜んでくれました。また、このご夫婦は、結婚して10年近くお子様がいなかったのですが、この家に住むようになり、間もなく奥様が妊娠し、お子様が生まれたのです。「節電住宅のグッドジョブ」だと思っています。

やはり近所のお客様がいらして、ご自分の寝室が寒くてたまらない、何とかしてもらいたいとのことでした。寝室は車庫の上にあり、床下が外部なので、そこから熱が逃げエアコンをいくらかけても室温が設定温度まで上がりません。車庫の天井に断熱材を張り、サッシは内側に樹脂サッシを新たに取り付けました。劇的な効果があり、エアコンをつけるとすぐに設定温度まで上がるようになりました。そのお客様がワットメーターを使用し運転コストを測定しました。前年は600円／1日でしたが、その後は、60円／1日になりました。

皆様、心と身体の健康と家計のために、ぜひ「高断熱高気密」＋「自然エネルギー利用」住宅を作ってみてはいかがでしょうか。幸せを毎日感じるようになるはずです。

２０２４年６月

白岩且久

0 3・11以降のパラダイムシフト

1945年の8月15日で価値観がまったく180度変わった、と親の世代からきいたことがあります。同じようなことを、私たちの世代が体験するとはおもってもみませんでした。2011年の3月11日の前とその後ではまるで違う世界にみえます。日本の社会にあった価値観がすべてひっくりかえったような感じです。

地震と津波での甚大な被害の上に、江戸時代や明治時代になかった放射能汚染というとんでもない災厄がふりかかってきました。日本の原子力発電は安全だ、アメリカや旧ソ連と違うんだという安全神話は、福島第一原発の水素爆発とともに文字通り木端微塵(こっぱみじん)に吹き飛びました。そして最初の設定からして危険で、このような危機的なことになると各方面から指摘されていたことが明らかになりました。私たちが知らなかっただけで、少なくない福島県議や国会議員や反原発運動をになってきた人びとが、今日の事態を正確に予想しておりました。そして残念なことにその最悪な予想通り原発事故は推移しております。

それらは文書として残っているので、東京電力の責任は「想定外」「千年に一度」などといっても逃れることができないでしょう。

事故後の対応も最悪で大爆発を起こし、放射性物質を広範囲にまき散らしてしまいました。廃炉を前提にしたアメリカの冷却材の提供を断ったようです。まだ東電はすべての電源喪失があったのにもかかわらず安全で冷却でき、まだ原発が使え、保全しようと思っていたそうです。

3・11であきらかになったことの一つは、政府、官僚、東電、御用学者などがあまりにも無責任で無能、無策なことです。危機的事故の認識が最初はなく、初動に致命的ミスをおかし、あとはなすすべもなく、水素爆発を繰り返す原発をみながら、安全だというだけです。学歴社会を勝ち抜いてきたエリートたちのあまりの情けなさを、全国民だけでなく、全世界にさらしてしまいました。そして熱心にやっていることは、情報隠しと隠ぺい、安全プロパガンダです。しかし、第二次世界大戦中と違い、国民はネットから海外の情報を仕入れ、やがて真実は全国民の知ることとなります。こういう時こそ人間性が明らかになります。指導者層の保身と責任のがれにくらべると、民間レベル、地域レベルの地方自治体の動きは、迅速で被災地のニーズをきいて、すぐに必要な物資を届けたところが多いようです。また現地の民間の人、自衛隊、消防、警察、医療関係者などの不眠不休の救援活動には頭が下がります。

今までの価値観がこの日本の社会のなかでまったく逆転しました。敗戦をはさんだ１９４５年の8月15日より大きいかもしれません。今までにこの社会に浸透してきた価値観は砂上の楼閣だったということがあきらかになりました。それは精神的にも物理的にもです。浦安のおしゃれな高級住宅地に立つ一戸建ての住宅も文字通り砂上の楼閣ということが液状化現象で露呈しました。もし原発の事故が浜岡原発でおこったらどうだったでしょう。風で運ばれてくる大量の放射能による汚染は広範囲に及び、高かった東京の地価はあっという間にゼロとなるでしょう。この世にある目にみえる確固たる資産も、じつは幻想なのだと多くの人がわかりはじめました。いままで人もうらやむ超一流の会社だとおもっていた東京電力が、いまでは悪徳犯罪企業の代名詞となりました。彼らは、無責任で無能力なのに原子力マフィアのトップにたち、多額の広告費でマスコミを支配し、天下りで官僚をとりこみ、献金で自民党をてなづけ、金で東大をはじめとした御用学者を飼い今日の事態をまねきました。不安院とやゆされ小学生の子供たちにも「ほあんいん、ぜんいん、あほ」とバカにされる原子力保安院の官僚の無能無知さかげん。次から次へ水素爆発をおこしている原発をバックにしながら安全だ安全だを繰り返している御用学者の醜さ。自分の家族を海外に逃がししていながら「ただちに健康に影響はない」と言っている政府高官。３・11は、はしなくも日本のベスト・アンド・ブライテストの多くが無能で無知で判断力がないことを国民に知らしめてしまいました。

海外のメディアで流れる、悲惨なありのままの被災地の画像、天使のような心をもった人々の美しい行動、悪魔のような既得権益の受益者。そのすべてが私たち日本人だけでなく、人類すべてに、生きることとはなにか、人間とはなにか、と本源的な哲学的命題を投げかけられたようです。

あらゆる価値観の変換、これはやがて社会のシステムの根本的な作り変えまでいくでしょう。安政の大地震のあと10年で明治維新がおきたように。

心の在り方が生活の仕方まで変えていきます。もうエネルギーがぶ飲みの生活は、いくら快適でも、ありえません。衣食住すべての分野で産業の根本的変化がおこります。だれかが産業の突然死といっておりました。原子力産業とオール電化関連の産業はもう終焉に向かうしかありません。そして新たな産業が力を得て成長します。今まで森を覆っていた、大きくて邪悪な原子力産業という大木がきりたおされたので、あらたに地表に太陽の光が降り注ぎ、新芽が芽吹き、若木が成長します。技術はあるのに原子力資本にじゃまをされていた自然エネルギー利用の発電が増えるでしょう。ちなみに世界で一番地熱発電が発達しているアイスランドの地熱発電機は日本製です。

建築の分野でも、断熱性能を上げ自然エネルギーを取り入れた工法を、もっと普及させなくてはいけません。実は、日本の建築界の断熱や気密のレベルはとても遅れており、その低レベルぶりは原子力保安院や東電のようです。本編に詳しく書いておりますが、耐震や防災や設備などは進んでおりますが、こと断熱に関しては、話になりません。その証拠の一つに岩手県の三陸にあるホールです。２００９年度の日本建築大賞を受賞したリアスホールです。堅固な躯体で抜群の耐震性を発揮した建物でしたので避難所としてすぐに使われました。しかし内外ともコンクリートの打ち放し仕上げで、まったく断熱は考慮されていません。高い吹き抜けがあるホワイエはとても寒そうです。3月でも雪が舞い散る東北の地に、賞を取るようなトップレベルの建築がこれです。この建物が象徴するように、日本の建築界は断熱や環境に対して無知と無能がまかりとおっております。日本の建築は公共の建築も個人の住宅もおよそ断熱と環境が考えられておりません。この点だけでも改良されれば電力の削減はわけはありません。原発の全廃もすぐに可能です。

断熱や環境問題をテーマとする審議会に出ると、どこからかまるで原子力の既得権益者のように規制を甘くするという人がでるそうです。そうある建築家がいっておりました。今思うと、まるで電力をよく食べる建築を作れと東電にいわれたまわしものではないかと勘ぐってしまいます。

リスクがけた違いに多い業界が原子力村だったことが分かりました。おそらくこれからは、日本の各分野で機能不全がおこり、場合によってはメルトダウンがおこってくるような不安があります。

まずは建築を変えてください。別に寒さや暑さを我慢する省エネと称した我慢比べではありません。快適でエネルギーをあまり使わない建築が現在の技術で簡単にできます。この本を読んで、新築やリフォームの参考にしてください。なるべく解りやすく書いたつもりです。建築でもパラダイムシフトをはかってこの国の未来と環境を明るくしてください。

1 世界でいちばん寒い家は日本の家？

「世界でいちばん」って、ホント？

もう30年以上前に読んだ本のことです。そこでは、世界でいちばん寒い生活をしているのは日本の東北地方と信州の人たちだと書いてありました。そのときは何を言っているのか解らなかったのですが、今は理解しました。知人で岩手出身の方がいますが、その人が言うには、冷蔵庫というのは冷やすためにあるのではなく、凍らせないためにあるのだそうです。冬、室内に日本酒の入った一升瓶やビール瓶をおいておくと凍結して瓶が破裂するそうです。それを防ぐために一升瓶やビール瓶を冷蔵庫に入れて保存しておくそうです。室温がマイナス10度以下になるそうで

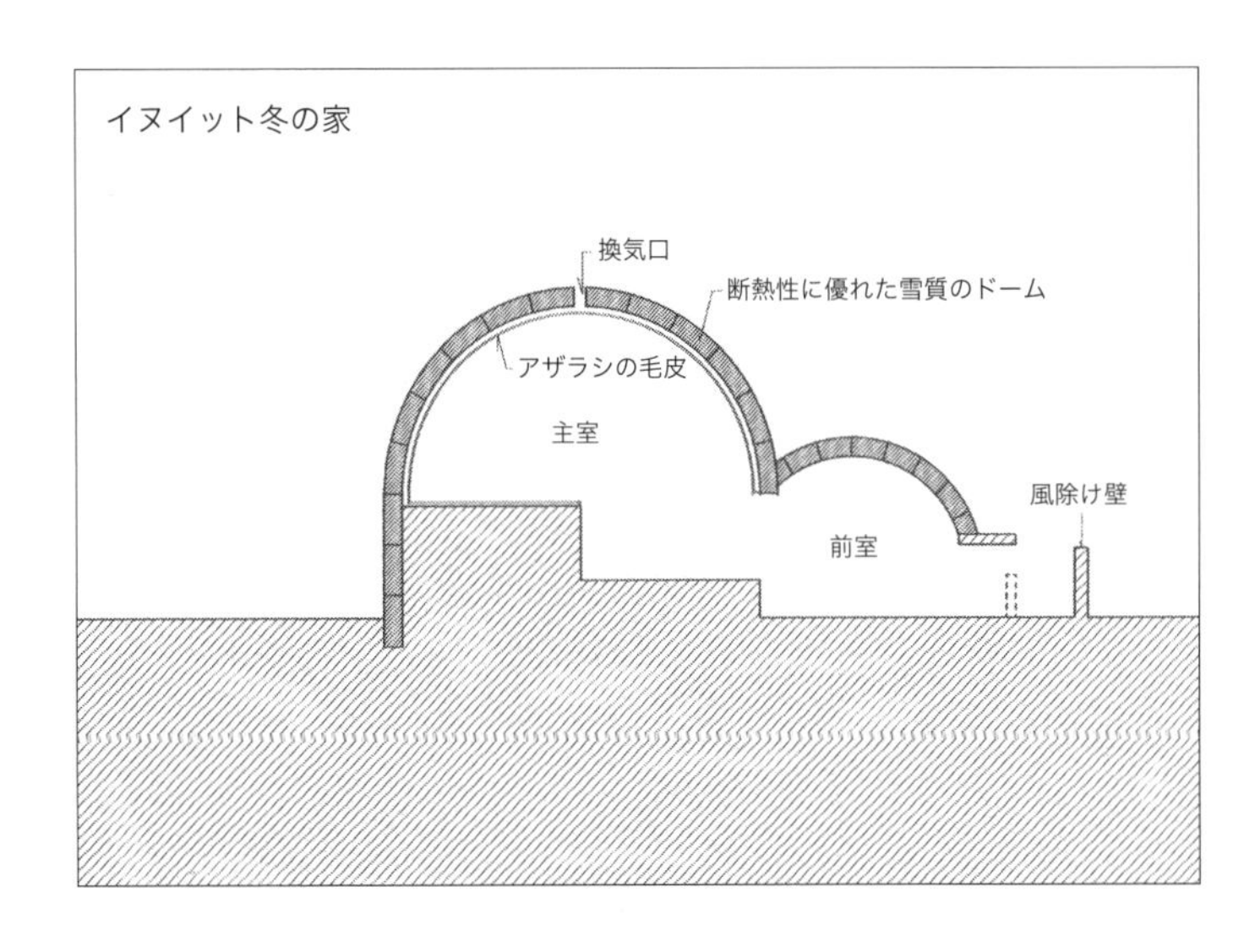

す。おそらく信州でも同じようなことがあるのでしょう。

極北・カナダのイヌイットの冬の家、雪ブロックでできた家で、外気温がマイナス20度にもなるにもかかわらず、居住空間の室温は13度から15度あります。熱源はランプと居住している人から出る熱だけです。雪ブロックの断熱性と内側に張った毛皮の断熱性とあいまって、居住空間と入り口につけたレベル差で冷気を防ぐという巧みな仕組みで暖かさを確保しております。

ソウルの王宮を見学したときのことです。そこにはオンドルがありました。今で言う床暖房です。ずいぶん暖かそうな生活があるなと感じました。宮内庁の京都事務所で申し込みをして京都御所を見学しました。普段の天皇の生活空間をみて、とても寒そうだなと感じました。いくら底冷えする京都でも、ソウルの冬より気温は高いだろうに、日本の皇族は震えながら寒さに耐えているのに、むかしの韓国の王族はぬくぬくと暖まっていたのだな、と想像しました。

寒い東北地方ではなくとも、関東地方にお住まいの方も、冬の朝には寒い思いをしている人が多いのではないでしょうか。朝、ファンヒーターをつけたら、室温の表示で5度とあるのを見て、さらに寒さが増したという人も数多くいるのではないでしょか。じつはかつての私もそのうちの一人でした。

当時の典型的な木造住宅で、壁には50ミリの断熱材、シングルガラスのアルミサッシとサイディングの外壁というやつです。厳冬期には、朝の室温が5度でした。いくら暖房をかけても暖まらないうちに仕事にいかなければなりません。またお風呂が悲惨で追い炊きがありません。入っているうちに浴槽のお湯がさめて水になってきます。妻にやかんでお湯を沸かしてもってきてもらいました。もちろんそんなもので効くはずがありません。体を温めに入った入浴が冷やして出ることになりました。露天風呂に入ったら浴槽が水だったと想像してください。

北海道の住宅は暖かい

ただ日本でも北海道は例外です。冬に北海道に行ったときです。宿泊したホテルですが、私が泊まるような所ですから決して高級なホテルではありませんが、とても暖かく感じました。いつか家族でスキーで泊まった群馬県のホテルとは大違いです。そのホテルはエアコンを30度に設定して「強」にメモリを合わせ、つけっぱなしにしても室温は15度しか上がりません。明け方には寒くて目を覚ましてしまいました。

その建物の構造に問題がありました。壁は無断熱のコンクリート、窓にはシングルガラスのアルミサッシという具合に、全く断熱が考慮されていません。エアコンで暖める熱よりも外気で奪われる熱のほうが多いから、寒いのは当たり前です。野外でたき火をしているのとさほど変わりません。まだこういう建築のほうが日本では多数派だと思います。

私たちが泊まった北海道のホテルですが、もともとあったペアガラスのサッシのうえにさらに断熱改修をしてあり、内側にサッシを足してありました。都合ガラスの枚数は3枚のトリプルガラスになっておりました。いちばん熱の逃げやすい窓の性能を上げてあり、快適なホテルライフを楽しめました。

また札幌の街を歩いてマックに入ったところ、その店舗のショーウィンドウから入り口の自動ドアまでペアガラスでした。おそらく東京中のマックを捜しても、ペアガラスの店舗は一軒もないでしょう。その他の店舗でもまずペアガラスのところはないでしょう。高級レストランに入って窓際の景色のいい席に座っても、窓から落ちてくるコールドドラフトで不快な思いをすることになります。

鉄道で札幌から小樽に向かったところ、その車両の窓ガラスはペアガラスでした。結露もなく外の雪景色が鮮明に流れていきました。さすが北海道と感じ入りました。

もちろん、一般の住宅でも北海道は高断熱化が進んでいます。その結果がデーターでもでております。東北より北海道のほうが冬の気温が低いのに、冬の寒さが原因の心筋梗塞や脳卒中で亡くなるかたの死亡率が、東北のほうが高いという結果がデーターに現れております。食生活や生活慣習などの問題もあるでしょうが、これは東北地方で高断熱住宅がまだ普及していないということのあらわれとも想像できます。

「夏を旨とすべし」

日本では毎年1万4000人もお風呂で溺死します。これは日本の家は寒いから湯船につかって体の芯まで暖めようとするからです。その結果、寒い洗い場で脳卒中の発作にみまわれたり、浴槽内で溺死してしまうということになってしまいます。当然、日本の溺死死亡率は世界でダントツのトップです。欧米の先進国の20倍も死亡しております。

日本の建築の住まい方が寒いのは、そもそも暖房という概念が有史以来まだ日本人に根付いていないからではないでしょうか。「夏を旨とすべし」の国ですから、明治以降、諸外国から暖房の技術が入ってきても、未だに採暖の意識レベルで、火鉢、炬燵からせいぜい居間の一部屋を暖める程度で終わっております。それも間歇（かんけつ）で、その部屋にいる時間だけしか暖房はしない。玄関、廊下、洗面、トイレ、浴室、台所は寒くてたまらない、というふうです。これではほとんどの国民が冬は家の中は寒いものだと洗脳されているようなものです。少し前まで現役で使用されていた首相官邸の旧館。ここに住んでいた歴代の首相は、冬は寒くてかなわないと言っていたそうです。断熱改修をして全館暖房が効くようにすればよいのに。私などはそう思うのですが、なかなかそうならないところに、採暖意識にとらわれた日本人の姿があるように思います。

外は寒くても住宅は暖かくできる

また北海道の話です。冬季の平均気温がマイナス10度の旭川で、アイヌの伝統的住宅のチセでは、体感温度が20度あったそうです。夏から床作りを始め、継続微弱薪燃焼を夏から昼夜を分かたず続け、笹の葉で作った屋根の上の雪を断熱材として利用した作りです。地下5メートルの地中の蓄熱層（偉大なるタイムラグのおかげで冬がいちばん温度が高く10度あります）の熱を、雪が溶けない程度に燃やし続けた薪で引き出します。20世紀の首相官邸より数段暖かい家となりました。

よく、北海道の人が東京にでて来ると、東京は寒くて風邪をひいてしまうといっておりました。40年前の石炭ストーブの時代でもそうでした。それは北海道は住宅でも公共の建物でも暖房が効いていて、とても東京の室内の温熱環境に耐えられないということです。

よく、西日本、九州や四国は温暖だから寒さ対策はいいじゃないかと言う人もおられますが、鹿児島でも雪はふりますし、四国の太平洋岸でも冬は寒いです。先日、高知の四万十川の方が講演のため上京され、その方にお聞きしたところ、やはり冬は寒く、朝の室温は5度位だそうです。徳島出身の知人がおりますが、その方は東京で高断熱住宅を建て、暖かい生活をしております。お正月に実家に帰ると寒くてかならず風邪をひいて帰ってくるそうです。それに夜、用意してくださる掛け布団が寒くないようにとの親心で、母親が重ねてくださるそうですが、その重さは、寝返りもうてないほどだということです。だからもう冬には帰郷することをやめたそうです。

日本中の住宅（北海道と沖縄は除く）は冬は寒いものだと思って暮らしている方が多いと想像できますが、寒いのは外気であって住宅は暖かくできるということを知っていただきたいのです。

「限りなく透明に近いブルー」？

以下、人気ブログ「きっこの日記」から、東京・世田谷にある賃貸のワンルームマンションの温熱環境についての記述から抜粋です。

《克服手袋2》（2010・2・17）
「毎度のことながら、あたしのお部屋はフリーザー状態だから、深夜の0時を過ぎて、ミクシーのアプリの『サンシャイン牧場』とか『みんなの農園』とか『ハッピーアクアリウム』とかを巡回して、害虫を退治したり、お魚にエサをあげたりいていると、全部マウスだけの操作だから、室温の低さとマウスの冷たさとで、右手の指の感覚がなくなって来る。人間の体の温度が色で分かるサーモナントカってカメラで、激辛料理を食べた人を映すと、体はオレンジやブルーなのに、顔の部分だけが真っ赤になってたりするけど、あのカメラであたしを映すと、絶対に、手の先と足の先だけが、限りなく透明に近いブルーになってるって、村上龍さんも太鼓判を押してくれると思う」

戸建てやマンションだけでなく、賃貸住宅はもっと冬は悲惨なことになっていることが解ります。ただマンションの中間階の南側に面した住戸はべつです。上下左右の住戸が断熱材代わりになってくれるからです。暖房の季節は廻り中の住戸が暖房をし、冷房の季節はまた廻り中の住戸が冷房をしてくれるからです。ＲＣ（鉄筋コンクリート）の気密性とあいまって例外的に快適な温熱環境にあるかもしれません。

ただ賃貸物件は、自宅ですらろくな断熱をしない大家さんたちが、収益物件の賃貸アパートに断熱性能を付加するはずがありません。かくして日本中の多くの人たちは、ロスの多い暖房をし地球温暖化に「貢献」しております。

ただほんの少しですが、先進的な大家さんが、高断熱のワンルームを作った例もあります。そのアパートは世田谷の赤堤、あの世田谷線の沿線にあり、電車から見えます。日当たりの良い二階でしたら、暖房なしでも十分生活でき、室温の低下もありません。きっこちゃんもここに住めばもっと良い俳句がうかんでくるのに、残念です。蛇足ながらその大家さんは私です。

コンクリートの打ち放しの事務所

世界中でいちばん寒い室内で暮らしていたのが、40年まえの日本人だということが、読者のみなさまにご理解いただけたと思います。どうもそれから40年たってどのくらい改善されたかという疑問です。高断熱住宅はまだ北海道以外ではあまり普及しておりません。室温がマイナス10度からプラス５度に改善されたものの、まだ世界有数の低温住宅にお住まいの方が多数を占めているように見受けられます。

寒いという室内空間はオフィスでも同じです。東京の世田谷に内外コンクリート打ち放しの事務所があります。安藤忠雄ばりのかっこいい空間です。光沢を帯びたコンクリート打ち放しの壁と天井、その天井に一本だけで長さ２・７メートルの蛍光灯のライン照明が複数流れています。床は御影石（みかげいし）の本磨きと無垢のナラの木です。

この空間をみて惚れた人が同じ空間を作ってくれと頼まれたことがあるそうです。但しすごく寒いようです。大型のエアコンをいれ、なおかつ温水暖房を運転しても室温は19度しか上がりません。体感温度は15度くらいです。エアコンの吹き出し口の温度は測定すると32度あります。外気温６度でのことです。コンクリートの壁の表面温度が15度しかありませんので、そこからの低温輻射で体感気温が暖かく感じられないようです。

これはコンクリートの断熱性能が悪いせいです。悪いというより熱を伝えやすい物質といったほうが正確かもしれません。グラスウール１００ミリの断熱性能を得るためには、約３メートルもの壁の厚みが必要です。この建物の壁厚は２００ミリですから、グラスウールに換算すると６・６ミリしかありません。これでは寒いはずです。いま流行の、内外ともに打ち放し建築の内部の温熱環境が想像つくようです。私は最近コンクリート打ち放しの建築を視ると、それを設計した建築家の知識不足が手に取るように解ります。だってこの世田谷のオフィスを設計したのは、二二年前の私、無知だったころの私だからです。

2 世界でいちばん暑い家も日本にある？

ある相談事例

世界でいちばん暑い家も日本にあるかもしれません。それも東京世田谷の高級住宅地の一角に。日本のビバリーヒルズといわれている、ある私鉄の駅のそばに、その住宅はあります。世田谷区の保存樹の高い松を囲むように、半円型の屋根をのせた複数の棟が配置されています。そのいちばん西の棟にその住宅群のオーナーの娘さん一家の住宅があります。色と形のセンスのよさが、さすがにフランス留学帰りで芸大出の建築家の作品であるということを感じさせてくれます。

ここのオーナーから、別の棟のメンテナンスがあるから来てくれといわれたので、現地調査にいきました。ここの建物の設計や施工に、私は一切手を出していませんが、施工を担当した会社が倒産したので、自宅を施工した私に声がかかったというわけです。そこにお住まいのお嬢さんから、相談したいことがあるから寄ってくれとのことです。

そのお宅によりましたら、西側の面に吹き抜けがあり、その上部まで大きなガラスが嵌（はま）っておりました。明るい開放感のある良い空間でした。まだその時は6月でしたが、室内の気温はかなり高い状態でした。その空間に見とれていると、そのお嬢さんが言いました。

「暑くて我慢できないんです。この家は10月まで暑さが続くんです。家族じゅうがイライラして喧嘩が絶えません。梅雨が明けるとパンチの効いた日差しが入ってきて、家じゅうサウナ状態になります。梅雨が明けないうちになんとかしてください」

「うちも夫婦喧嘩が絶えませんよ」と私が言いました。

「喧嘩できるのは良い方ですよ。うちなんか、もう夫婦が終わっていますよ。全く会話もありません。子どもの学校の成績も悪いし、みんなこの家のせいです」

「運命」のせいではかわいそう

その語調に思わず「すみません」と私があやまりそうになりました。

「もちろん、夏はクーラーが全く効きませんからつけていません」

「それは省エネになって良いですね」と私がいったら怒られました。

「私はここに来る前に、関西の社宅にいました。関西はご存じのように夏はとても暑いところです。私はその社宅の最上階にすんでいました。最初の年はあまりにも暑くて病気になり入院しました。東京に引っ越したら涼しくなると思ったらこれです。そして冬は冬で寒くてたまりません」

そのお嬢さんのご主人は、関西に本社のあるスーパーゼネコンの設計部にお勤めです。その会社の社員寮ですので、まさか社員の家族が暑さで倒れ入院するという建物を、わざわざ作ったとは思われません。日本の建築界の断熱のレベルを象徴しているようです。その方の母親であるオーナーのご自宅は私の会社が施工しました。設計は北海道出身の建築家で、もう25年以上前になりますが、外断熱です。まだ社会に外断熱という言葉が全く認知されていない時代です。そして土間床で南側にメインの窓があり、庇（ひさし）が出ておりますので夏涼しく冬暖かい家です。ご自分がそういう住宅にお住まいなので、7月の最初なのに、ガラスの表面温度が43度にもなる住宅に住む娘さんの苦しみが、理解できないようでした。私が説明をし、改善工事をするように提案しましたらやっと納得しました。そしてこう言いました。

「そういえばあの子、子どものころ自分の部屋のあるロフトから降りてくると、いつも顔を真っ赤にしてきてたわ。あの子はそういう運命なのね」

（当時の設計では、屋根の断熱性能がまだ十分ではなかったのでロフトは暑い）

8月の平均気温が18度のパリの建築をそのまま持ってきた建築家が悪いのに、運命のせいにされてはお嬢さんがかわいそうです。早速工事を進め人間らしい生活をできるようにしました。

マンション最上階は暑くてたまらない

東京・都心の原宿のマンションの話です。そこの最上階の西側に位置する部屋の住人が、あまりにも暑いのでエアコンを4台つけました。屋外機の置き場がないため屋上に設置しました。

管理組合の規定で屋上に設置は禁止ということでトラブルになり、結局そこを売って出て行きました。その住居部分を夏に不動産屋が売り出しました。冷やかしに見に行った人の話では、夏にもかかわらず台数がかなりあるエアコンが一台も運転していないとのことです。見に行った人が不動産屋にたずねました。

「なぜエアコンつけないの」

「えー、べつに……えー……」

まるでエアコンをつけると全く効かないことがバレてしまうというようでした。

鉄筋コンクリートの住宅に住んでいる人の、おもしろくて切実な感想がありました。

「殺人事件が起こりそうな暑さ」というのです。

ある大手の不動産会社でマンションの設計をお仕事にしている方のご自宅をリフォームしました。ついでだから、屋根を断熱リフォームしましょうと勧めました。ご主人は「別にいいんじゃないの」とあまり乗り気ではない様子。それを聞いた奥様が言いました。

「あなた、何いっているのよ。あなたはいつも昼間いないから、２階の暑さがわからないのよ。白岩さん、工事してください」

工事が終わり夏の暑さが解消され、冬もとても暖かくなり感謝されました。そのときご主人が一言もらしました。

「うちの会社で作っているマンションコン、いつも暑いってクレームがくるんだよな。ちゃんとウレタンの断熱材を40ミリ入れてるんだがな」

それを聞いて私は思いました。

〈40ミリぐらいのウレタンで効くわけがないだろ。日本で一、二の大きい会社で売っているマンションでこれだからな。あとは、推して知るべしだな〉

口に出したかったですが出しませんでした。

真夏の屋根面や屋上の表面温度は60度位に達します。それを薄い断熱材では防ぎようがありません。特に鉄筋コンクリートの屋根はそれが蓄熱になり、夜は下の階に放熱します。いくらエアコンをいれても効きません。夏に天井から遠赤外線のヒーターであたためているのと同じです。まるで夏に天井に湯たんぽを敷き詰めているようなものです。

断熱材の厚みを増して……

当社で設計施工した鉄筋コンクリートの住宅が、当社の事務所から直線距離で100メートル位のところにあります。そこのオーナーは最上階にエアコンもつけずに寝ております。炎天下に訪問しても暑くはありません。

なぜそれができるのでしょう。じつは簡単なことです。断熱材の厚みを増して、なおかつちょっとした建築的工夫をしただけです。屋根の断熱材は発泡ポリスチレンの100ミリの厚さを使用しました。西側には一切窓をつけませんでした。南の開口部には庇を付け、夏の室内にはいり込む日射をカットしました。ただそれだけです。

また当社の事務所から500メートル位の位置に木造の住宅があります。それも私が設計した建築です。そこのオーナーも、夏、エアコンをつけずにそれもロフトに寝ています。これから家を建てたいというお客を、よくその家にお連れするのですが、みなさんロフトに上がり驚いてい

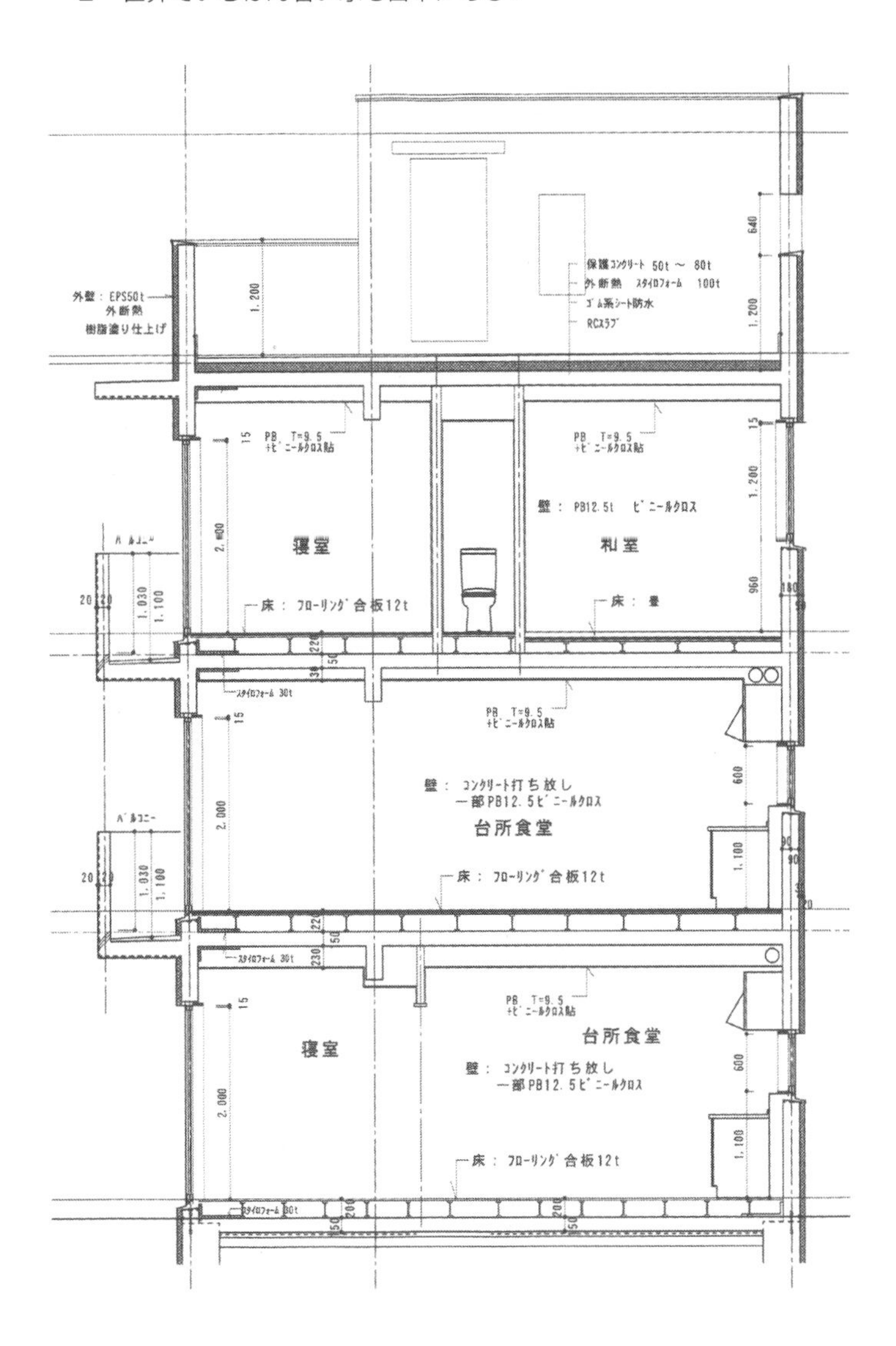
外壁：EPS50t
外断熱
樹脂塗り仕上げ
保護コンクリート 50t ～ 80t
外断熱 スタイロフォーム 100t
ゴム系シート防水
RCスラブ
PB T=9.5
+ビニールクロス貼
壁：PB12.5t ビニールクロス
寝室
和室
床：フローリング合板12t
床：畳
バルコニー
スタイロフォーム 30t
壁：コンクリート打ち放し
一部PB12.5ビニールクロス
台所食堂
寝室
台所食堂

ます。真夏にロフトが暑くないなんて信じられない。なかには本当に疑っている方もおられ、見学者が来る直前までエアコンを使用していて、姿が見えたらすぐ切って、偽装しているんでは、と言われたこともあります。

日本で暑くない木造の住宅や鉄筋コンクリートのマンションを作ることは、わけはないことです。ただあまりにも、建築の設計者や施工者が無知過ぎるということです。これから家を建てるという方、本書で住宅の知識を得られ、設計者に文句を言ってください。

「なんで西側にこんな大きな窓があるの。暑いんじゃないの。庇がないけど夏の日射を室内に入れていいの？」

バンバン、バシバシ注文をつけてください。それがＣＯ$_2$削減につながります。

3 すでにあった自然エネルギー利用住宅

日本の古民家、アイヌのチセ、トルコの洞窟住居

ソーラーパネル発電システムなどの先進的システムだけが自然エネルギー利用ではありません。じつは世界中に昔からその土地の特性を引き出し、自然エネルギーを利用した冷暖房の方法がありました。いちばんプリミティブのものは日本の民家です。夏、茅葺（かやぶき）の民家に入るとひやっとしませんか。これは厚い茅葺の屋根が高性能の断熱材となり、夏の強い日射による熱をさえぎり、土間より地下の冷熱を引き上げるからです。大体その土地の10メートル下の土中は、その土地の年間平均気温と等しくなります（2000年、東京の場合、16・6度）。

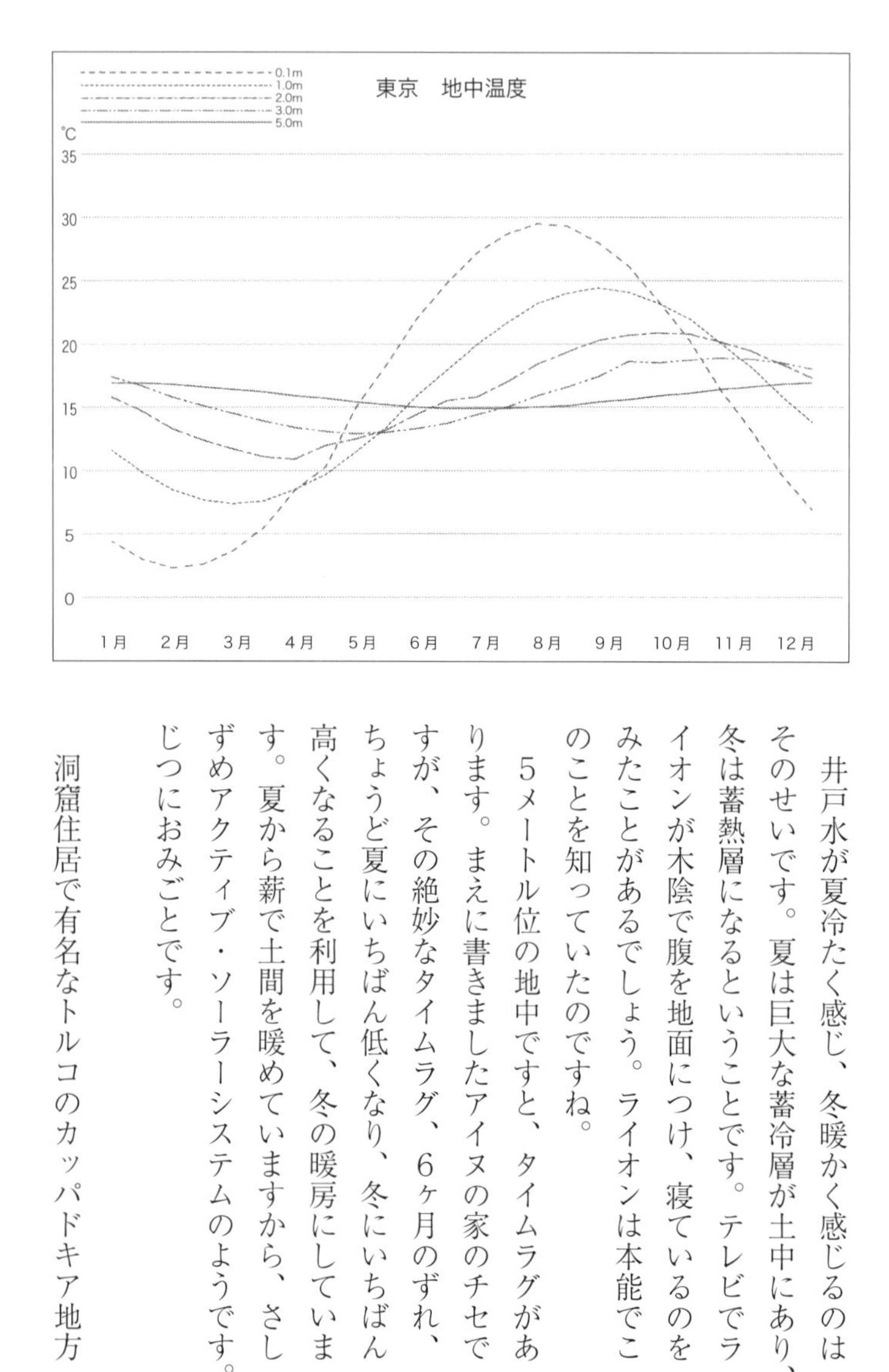

井戸水が夏冷たく感じ、冬暖かく感じるのはそのせいです。夏は巨大な蓄冷層が土中にあり、冬は蓄熱層になるということです。テレビでライオンが木陰で腹を地面につけ、寝ているのをみたことがあるでしょう。ライオンは本能でこのことを知っていたのですね。

5メートル位の地中ですと、タイムラグがあります。まえに書きましたアイヌの家のチセですが、その絶妙なタイムラグ、6ヶ月のずれ、ちょうど夏にいちばん低くなり、冬にいちばん高くなることを利用して、冬の暖房にしています。夏から薪で土間を暖めていますから、さしずめアクティブ・ソーラーシステムのようです。じつにおみごとです。

洞窟住居で有名なトルコのカッパドキア地方

の夏は、暑くて外気温が35度以上にもなります。洞窟型住居の室温を測定した日本の研究グループによる測定結果を示します。深夜から朝方にかけては、玄関ホール：約20度、リビング：約23度で居室内の温度はほぼ一定に保たれています。日中の温度は深夜から朝方の温度と比較するとやや上昇しますが、外気温35度以上で、玄関ホール24度、リビング27度と、室内は外気温と較べると冷涼で快適なことがうかがえます。

この温度は実際人が生活している状態での測定結果だそうです。日本でも、夏、トンネルの中にはいると、とても涼しく感じます。その土中の冷気を利用した巧みな住宅です。これに似た住居は中国西安郊外にもあり、ヤオトンとよばれています。

アナザチ・インディアンの集落

アメリカ・コロラドのグランドキャニオンにアナザチ・インディアンの集落があります。この深い谷の断崖にある集落は、一戸一戸が単独に横穴が掘られたものではありません。もともとあった自然の巨大な横穴を利用したものです。

コロラド大平原を吹き渡る風。深く掘られた谷に位置する渓谷にあるので、その風をやりすごすことができます。そしてその巨大な横穴は注意深く真南に面している横穴を選んでいます。冬の日差しは横穴の奥深くまでふりそそぎます。夏の日射はその巨大なオバーハングでふせいでいます。そのほこらの中に数十戸の集落が密集しております。

広場があったり、迷路のような路地に立ち並ぶ日乾しレンガの町並みは、中世のヨーロッパの街に迷いこんだようです。大陸性の乾燥地帯ですので、昼夜の温度差が大きい所です。それを日乾しレンガという熱容量の大きな建築材料で、夜の冷気を昼にもちこみ、昼の熱気を夜に送っております。これは日中の日射熱を蓄え、夜の暖房効果に利用するという、パッシブソーラーの原理です。この先住アメリカ人が作った集落はアメリカのパッシブソーラーの原点といわれております。

イランのパッシブデザイン

イラン中央部のヤスド州は酷暑で知られ、8月初旬の最高気温が48度まで上がります。そこでそのまま住居の通風をしますと、体温よりはるかに高い風が室内に入ってきます。これでは巨大な温風機で住宅に、熱風を送っていることになります。また屋上の表面温度が午後一時には72度にも達します。年間の降雨量が100ミリをこえることのない典型的な高温乾燥地帯です。

この過酷な気候風土をこれまたみごとなパッシブデザインで乗り越えております。この地方では、住宅周りを、窓のない厚くて高い塀が囲んでいます。開放的な中庭があり、そこには池があり植栽もあります。その中庭を取り囲む形で居室が並んでおります。その一角にひときわ高い採風塔があり、そこから中庭の半屋外空間のイワーンに導きます。そこからさらに視覚的にも物理的にも涼しげな中庭をとおり寝室等の居室に風は行きます。

熱容量が大きいため、夜間の冷気等で安定した温度の塔のなかを通り、取り入れた空気は、冷やされてイワーンに出てきます。中庭にある池の気化熱でさらに冷やされ、居室に向かいます。効率的な採風塔からの採風のおかげで、イワーンから中庭にかけての体感気温はかなり低いと感じることができます。採風塔と蒸発冷却の利用は、インドやパキスタンにもあるようです。

南アフリカの天然冷房法、バリ島のリゾートホテル

南アフリカの天然冷房法は面白いものです。床下の通風口に金網に挟んだコークスを置き、上部に送水のパイプを通し水を流します。通り抜ける風がコークスに溜まった水を蒸発させ冷やされます。その冷気が居間に導かれ天井から排気されます。これもエネルギーを消費しないで、快適な冷房を得られているようです。

21世紀のバリ島のリゾートホテルですが、熱帯のパッシブデザインがあります。ウブドのホテ

ルで茅葺のコテージが、熱帯雨林の中に散在しております。外部にあるテラスのような開放的な居間と厚い壁に囲まれた土間床の寝室があります。伝統的な木造建築でできており、その対の部屋に茅葺の大屋根が架けられております。

リビングはいつも風が通りぬけ、竹の簾が下ろせるようになっております。寝室は直射日光が入らないように設計されているので、壁や床の大きな熱容量と屋根の茅葺の断熱とで、いつも心地よく冷えております。ここで昼寝をすれば最高です。鳥の声を聞きながら、快適な自然の冷房のなかで寝られるとは、まさにバリは地上の楽園だと、ここに宿泊したすべての人は思うでしょう。

セレブな高級住宅に落とし穴

それにひきかえ、21世紀の日本で、マンションの最上階に住んでいる多くの人は、灼熱地獄で苦しんでおります。「夏を旨とすべし」の日本に住んでいて不思議なものですね。明治時代に政財界の人々の別宅が多くあった、多摩川を見下ろす世田谷の高台と斜面には、今も高級住宅街があります。現在は徳川さんや岩崎さんに代わって映画監督やシンガーソングライターたちが住んでおります。その一角に斜面を利用した高級マンションがあります。

一戸あたり専有面積が130平米以上ある、セレブの方が多く住む高級住宅です。西側の斜面にあり階段状なので、全戸が最上階という形状をしめしております。下の階の屋上が上の階の大きなテラスになり、西側に大きく明けた窓から富士山がよくみえます。眺望もよく快適な生活ができそうです。

そこにお住まいの方からリフォームの相談を受けました。そのときはまだ5月だったのですが、もうすでに暑いということです。設計の資料にそのマンションの設計図書をお借りしました。さすがに高級マンションですから無断熱ということはありません。屋根のスラブ下に25ミリの発泡ポリスチレン、壁には20ミリの発泡ウレタンが入れてありました。ただこれではアリバイづくりに入れてあるだけとしか思えません。このままいくと夏は灼熱地獄間違いなしです。

日本の建築設計者が怖いのは、これで熱が止まると本気で思って設計しているところです。2層のメゾネットで下階は半分地下ですので、うまく作れば地熱を利用した自然エネルギー住宅になるのに、じつにもったいないことです。もちろん私は、完璧な断熱リフォームを施し、夏涼しく冬暖かく常に快適な温熱環境にあるようにしました。意匠性のよさもあいまってとても感謝されました。

参考文献

＊1　『ヴァナキュラー建築の居住環境性能』（二〇〇八年、村上周三、慶応義塾大学出版会）
＊2　『自然エネルギー利用のためのパッシブ建築設計手法辞典』（二〇〇三年、彰国社編、彰国社）
＊3　『住まいの中の自然』（二〇〇八年、小玉祐一郎、丸善）
＊4　『住宅のパッシブクーリング』（一九九八年、浦野良美、森北出版）

4 建築と土木

建築という言葉は日本にはなかったということをご存じですか。

明治の中頃に伊東忠太という建築家が造語しました。それまではなんと言ったか。造家と言ったのです。たとえば大学の建築学科でしたら造家学科というような言葉でした。名は体を表すと言います。また言霊(ことだま)ともいいます。もし伊東忠太が建築という言葉をつくらなかったら、今の日本に建築家は存在しなかったということです。

勿論、造家でも建築から完全に芸術性を抜いた構造物は存在したでしょうし、造家技術者はいたでしょう。でも建築にはならないということです。建築という言葉は哲学とか経済という言葉と同じように明治以降中国に「輸出」されました。その意味で、日本でこの概念が作られたということは、東アジア全体の建築界に影響をあたえたということかもしれません。それも大きな影響を。

土木？　ホントは「市民の技術」

あなたは土木という言葉にどんなイメージをもちますか。余りいいイメージを持たない方が多いのではありませんか。私自身、土建屋といわれると、あまりいい気持ちではありません。それが証拠に、最近、大学の土木工学科が名前を変えるところが多くなりました。都市工学科とか社会環境工学科また都市環境デザイン学科などと、何をやっているか解らないネーミングです。

これは明治のころ、こうした関係の技術に関する概念＝名前を、当時の人が全く理解しないまま土木とつけ、今日まできてしまったからです。その結果、この言葉には土建屋、談合、利権、自然破壊などという負のイメージがつきまといます。土木は英語でシヴィル・エンジニアリングといいます。これは軍事技術（ミリタリー・エンジニアリング）にたいする市民の技術ということです。

軍事の技術は要塞とか軍事用の港湾などを作る技術です。シヴィル・エンジニアリングはそれにたいする民間で使用する橋梁、道路、ダム、鉄道などのうち非軍事の構造物を作る技術をいいます。明治になったばかりの日本には、市民はいません。封建制の江戸時代を抜けてきたばかりの日本で、西ヨーロッパの市民とか、またその言葉など実態を含めて全くありませんでした。それゆえこの技術を訳しようがなかったのでしょう。せめて大正時代、日本にも市民が現れたころ、土木を別の言葉に置き換えていれば、今よりもう少しいい国になっていたかもしれません。言葉というのは恐ろしいものです。せめて建築だけは建築になってくれてよかったです。

「罪無き子らの家」

私が建築を志したのは、高校生のころ読んだ羽仁五郎の『都市の論理』のなかに出てくる、建築のすばらしさをたたえたある文章を読んだことです。ルネッサンス期のフィレンツェに建築されたオスペダーリ・デル・インノテェンチィー（捨て子保育園）に関する一文でした。日本語の「捨て子保育園」では身（み）も蓋（ふた）もないのですが、イタリア語では「罪無き子らの家」という意味です。美しい階段と連続したアーチのある建築です。事情があって自分では育てられない子を持った母親が、そっと柱の影に隠れて赤ん坊をおいていく。万感の思いを込めて。ここに預ければ我が子は一生を全うできる。そして私もこの子と一緒にアルノ川に身を投げなくてすむ。

この文章を読んだ私は、将来、このような美しい建築で人を助けられるような建築家になろうと思いました――というのはウソで、わたしはただ父親が工務店を経営しておりましたので、考えもなくこの道に進んだだけです。ただやってみると意外に面白く、この職業が好きになりました。

建築は美しくなければ

建築は美しくなければなりません。また美しくなければ建築とは言いません。断熱もすごく大事ですが美も大事です。パルテノンや唐招提寺を見て、なんだこれは、全く断熱が考えられていないな、と言う人はおりません。現代でも建築の美しさは大切です。でもエアコンが全く効かず、室温が40度にもなる住宅を作って平気という建築家は問題です。冬、室内でコートを着ないと居られないというような、コンクリート打ち放しの住宅を設計する建築家にも疑問を持ちます。

これと逆に、豊富な断熱と気密の技術を持ち、建築物理の知識を駆使してとてもハイレベルな住宅を作り、そのノウハウを本にして公開している方もおります。私もその方の著書を読み勉強させてもらいました。ただその方の作品は残念ながら建売住宅のようなのです。言い方は悪いが、外観がださく、野暮というのが欠点です。ほかにも寒冷地で北欧並みの高断熱住宅を作っておられる方がいます。これも残念ですが、デザイン力に欠ける住宅でした。

21世紀の建築家なら断熱とデザインの両方が秀でた人でなくてはなりません。美しくかつ断熱性能のいい建築、とくに人が生活する住宅なら尚更です。その両方を兼ね備えた本当のトップランナーが、少数ですが日本にもいます。それは私です、と言いたいところですが、残念ながら私ではありません。

パイオニアたちの群像

秋田県に西方里見さんという方がおります。室蘭工業大学で寒冷地建築を学び、１９８１年から故郷の秋田県能代で西方設計工房を開設し、高断熱、高気密住宅の設計と普及に努めております。著書の『外断熱があぶない』（エクスナレッジ刊）、『最高の断熱、エコ住宅をつくる法』（同）は、私も読ませていただき学ばせていただいた本です。この方の断熱、気密、換気の知識は長い実践で裏づけられていますから、スゴイものがあります。もちろんデザイン力もあり、こういう方こそ建築家と呼ぶのでしょう。

神奈川県の鎌倉に、女性の建築家で森みわさんという方がいます。横浜国立大学を出られドイツに留学され、ドイツで実務につかれたあと、アイルランドでも活躍され、日本に帰国後、

KEY ARCHITECTSを設立されました。２００９年夏には日本初の「パッシブハウス」を建てられた方です。詳しくは『世界基準の「いい家」を建てる』（ＰＨＰ研究所刊）をお読みください。

パッシブハウスとは、大げさな床暖房やセントラルヒーティングなど無しで、高性能の熱交換装置が付いた換気設備と、それに付随した冷暖房設備で、今の日本の基準（日本のトップランナーも含めて）などと較べ、とてつもなくエネルギー・パフォーマンスがいい家ということです。

東京には、日本でのパイオニアの一人で南雄三さんという方がいます。高断熱高気密住宅の世界では有名な方です。先駆者ですから著書が多くてここでは紹介しきれません。明治大学の文系の学部を卒業してから、断熱材のメーカーに入りこの道に進みました。専門学部とは直接の関係はなくても、社会に出てからの勉強や努力で大きな成果をあげることができるという「証明」のような方です。

断熱や気密や換気の知識は、もちろん日本でもトップレベルですが、センスもいいのです。妹さんは画家だそうです。大正時代に建てられたご自宅をパッシブソーラー住宅に再生しておりましたが、その内部空間は腕のいい建築家が創ったようでした。

関西に松尾和也さんという方がおります。彼が経営している設計室は、高断熱高気密住宅でも有名ですが、同社のホームページが小規模の設計事務所としては、日本でいちばんアクセス数が多いということでも有名です。九州大学で熱環境工学を学んだだけありまして、この事務所の作品は断熱と気密と換気はトップレベルにいます。デザインも当然のことながら建築のセンスの良さを感じます。

最近、私の所に送られてくる建築雑誌に掲載されている建築写真や矩形図を見ていて、断熱材の厚さに関する設計者の無知加減にはあきれることが多くなりました。これでは建築とはいわないだろう、と思わず叫んでしまいます。世の自称建築家諸君、ここのトッププランナーたちの本を読み、少しは断熱や換気のことを勉強してよ、と声を大にして言いたくなります。

我々はせっかく建築という言葉を授かったのだから、建築を建築たらしめる仕事をしましょう。

◆付録《せたがや便り「冷たい美人」》

先日、新しいお客さまがお見えになりました。当社の外断熱で家をお建てになりたいとのこと。ただ、設計事務所に設計はたのんであり、ほぼ実施設計も終了しておりました。

設計の先生に外断熱はどうですかと尋ねたところ、グラスウールの１００ミリで断熱は十分と言われたそうです。都心に事務所を構えている一流の建築家の設計ですので、拝見した図面は洗練されており、空間構成もうまく、大きなガラス面を大胆に使用した、いかにもアトリエ系の設計事務所という感じでした。

一階の床は土間床でコンクリートの上に直に床が仕上げてあり、壁と屋根には高性能のグラスウールが１００ミリの厚さで隙間なく充填されています。

私が無知だった頃使用していた50ミリの低密度のグラスウールとは全然違います。50ミリのグラスウールですと、壁の中に床下から壁内、小屋裏と通ずる空気層ができてしまい、暖房すると浮力が生じ、秒速40センチメートルくらいのスピードで空気が上昇してしまいます。壁内空気の漏洩に比例してエネルギーロスはとても多いものです。それでとても寒い家になってしまいました。

寒い家を建てられたＯＢ客のみなさんごめんなさい。でもそのおかげで、ひとつだけいいことがありました。その上昇気流のおかげで、本来、壁結露計算では生ずるはずの壁内結露が防げました。

しかし、高密度の１００ミリグラスウールを、室内側に気密シートも貼らず壁内に充填するとどうなるでしょう。ひょっとして結露するかも、とみなさんは思っていませんか。その通りです。その設計事務所の設計図書通りの壁仕様を、壁結露計算ソフトに入力しました。冬季に断熱材内部の外部合板の手前で結露をおこしました。

毎年、冬になると壁の中で結露をおこし、内部はカビだらけということになります。大きな嵌め殺しのシングルガラスがコールドドラフトをおこし、とても熱を伝えやすいコンクリートの土間床から冷熱が伝わり足を冷やします。

濡れたセーターを着て、裸足で冬の北風のなかを歩くようなものです。いくらミッソーニのセーターを着てシャツの色を合わせ、イタリア男のようにお洒落でもあまり意味がないような気がします。だったら防寒ブーツを履いてダウンジャケットを着たらと言いたくなります。

その先生の設計した住宅の特徴は、

※冷たい（断熱性の悪い）

※美人（洗練された美しいデザイン）

※浪費家（冷暖房費がすごくかかる）

となりましょうか。

なお蛇足ながら、私の妻と私の設計した住宅は美人です。その先生の作品ほどとびきり美人とはいきませんが、チョイきれい、といったところでしょうか。

私の設計した住宅は、

※暖かい（断熱性が良い）

※少し美人（まあまあキレイ）

※倹約家（冷暖房費があまりかからない）

私の妻のは、

※暖かい（人によって　私には冷たい）

※少し美人（まあまあキレイ）

※倹約家（ケチでしっかりもの）

※「せたがや便り」は、私の事務所で発行している通信。

5 建築は農業である

建築は農業のようなもの

私は、建築は農業のようなものだと思っております。

沖縄でジャガイモを作る人はいないでしょう。また北海道でパイナップルを栽培する人はいないでしょう。それを住宅でやった会社がありました。沖縄でジャガイモを植えるようなことをし、北海道でパイナップルを植えました。あるハウスメーカーです。その結果、沖縄では台風で屋根を飛ばし、北海道では猛烈な結露をおこし撤退しました。

日本全土で一律な作物を作ろうとしてもやはり無理だったようです。気候も風土も土壌も違うのですから根づくわけがありません。でも、そのメーカーは本州の東北から南は九州まで進出しているようです。いまでは岩手の農村部まで進出しているそうですが、大丈夫なのでしょうか。いささか心配になります。

沖縄では今ではRCの住宅が多くなりましたが、伝統的な住宅では、低い平屋で瓦を乗せ漆喰でかため、家の周りに石垣の塀を廻らせ強風をふせぎました。

北海道では、高断熱高気密住宅はあたりまえで、冬の平均気温が東北よりも低いのにもかかわらず、心筋梗塞や脳梗塞で死亡する人の率は、高断熱住宅の普及が遅れている東北地方より少ないというデーターがあります。

関東の伝統的民家は夏はとても快適な自然エネルギー住宅だと思います。屋根の茅葺きは60センチもあり立派な高断熱です。グラスウール換算で30センチに相当する断熱性能を発揮します。そして土間から地中の冷熱を呼び込み、風通しのよさとあいまってクーラー無しでもなんとか快適にすごせそうです。

設計は地域の気候を熟知して

日本は降雨量が多く、夏の日差しがつよい国です。だからどの地方の民家も軒の出が深い屋根をもち、窓には庇がついております。

最近の建築家はこうした特性を学ぶことなく、庇をつけず、軒も出さない「箱」を設計しています。長い歳月を経て生み出された地方の土地ごとの知恵。そうした知恵の結晶としての伝統的建築に大いに学ばない法はないはずです。もったいないし、ある意味では危険なことです。建築するときは、地域の気候を熟知している設計者の力を借りるべきでしょう。


新潟のある市の市長さんが公共建築を作りました。建築が好きで、デザイン力に惹かれて、九州のあるデザイン事務所に設計をたのみました。周囲の人たちは、雪の多い新潟の建築設計を、九州の事務所に依頼するのは無理があるのではないかと反対しました。しかし、市長はそうした反対を押し切ってつくりました。ガラスばりでとても開放感のある建築でした。完成した建物をみて市長は大満足でした。ただし夏と秋までは――。

冬になり雪が積もりました。年があけさらに雪が積もりました。いきなり起きた落雪でその自慢の大きなガラスが多数割れてしまいました。

やはりその土地にあった作物でないと無理なようですね。

東京のクリモグラフ（縦軸に温度、横軸に湿度）を見ると、夏はマニラなみに高音多湿で、8

月の平均気温が26・7度です。同じ8月の平均温度ですが、ロンドン17・2度、パリ18・5度、ウィーン19・3度とくらべるといかに暑いかがわかります。ヨーロッパの夏は日本の初夏みたいにさわやかだということが理解できます。ローマは24・5度と東京なみに暑そうですが、湿度が東京が75%なのに58%でさわやかです。大阪は28・0度でジャカルタの27・0度、シンガポールの27・3度より暑いです。西日本の夏は熱帯より暑いことがわかり、夏にこの事実を知ったらよけい暑くなります。

風の吹く向きも大事

東京の冬はロンドンと同じ位に低温です。一般にヨーロッパの冬は日本より寒いと思われていますが、暖流の影響で緯度に較べるとずっと暖かいです。札幌よりずっと北にあるストックホルムのほうが冬の平均気温は札幌より高いのです。

東京で建築するとなると、夏暑く冬寒いという土地の条件で対応しなければなりません。ただ東京は冬の日照時間が長く、その点ではとても恵まれています。日本では日照時間の短い新潟などの日本海側の北陸ですら、ロンドンの日照時間の倍以上あります。こうした恵まれた太陽熱を利用すれば、暖房器具のいらない生活も可能と思えてきます。

また通風ということを考えると、風の吹く向きも大事です。東京では風は一般に南から北へ吹いています。ただこれはマクロ的であってミクロでは違うところがあるかもしれません。かなり以前ですが、横浜の金沢区釜利谷というところで住宅を建てました。そこは夏のあいだ常に谷沿いに涼風が吹いており、その涼しさに驚いたことがありました。その地域ではほとんどの家がクーラー無しで生活をしています。

京都御所の居住部分では大きな開口部が東に向いております。これは鴨川が御所の東側にあり、東からの通風をとりいれたものです。

ハワイに初めて行ったとき、その気候のよさに感激しました。これではこの気候だけで世界の観光地になれると思いました。だからどこのホテルも、ロビーと外界との区切りはなく開放され、そこを風が吹き抜けていくようになっています。さすがにこの気候では、ガラスで囲ってエアコンをガンガンかけるといった設計はだれも考えないようです。

建築も農業と同じで、気候風土に合わないと駄目ということがわかりました。農業だって、ハウス栽培のように、重油をガンガン焚いて、季節はずれの野菜や果物を作るのは、どうも自然の理に合っていないような気がします。やはり旬のものを上手に作って旬に食べる。私はやはり、露地物のいちご、とくに静岡・久能山南の斜面に石垣を積んで栽培している甘くて新鮮なものが好きです。日中の太陽熱を石垣の石に蓄えイチゴの成長を早める。まるでパッシブソーラーのようです。

6 国産材をもっと使いたい——ビールと煙突

「十里四方の木材を使え」

ドイツでは、ビール工場の煙突の影がおちる範囲内でビールを飲め、と言われています。ビールのおいしさの決め手である「鮮度」の大切さを言っているのです。

日本でも家を作るなら、建てる場所の十里四方以内で採れた木材を使え、という言い伝えがあります。東京の23区内や大阪市内など、大都市では十里四方という訳にはいきませんが、せめて耐久性に優れた国産材を使用したいものです。東京の夏はマニラ並みに高温多湿です。

ここにシロアリの生息できない北欧やシベリア、カナダ、アラスカ等の木材を使用するとどうなるでしょう。最近は地球温暖化のせいで、東北地方や場合によっては北海道まで、北日本には本来いなかったシロアリが北上をしているそうです。夏でも低温低湿の寒冷地で育った木材をつかい、夏は熱帯並の高温多湿の日本で住宅をつくって、はたして大丈夫でしょうか。

森林総合研究所・複合材料研究領域長の鈴木憲太郎さんがおこなった試験「木材材料の耐蟻性の評価と改良」によると、国産材のスギ、ヒノキのほうが、現在、建築用に輸入されているホワイトウッドやベイツガよりも、シロアリに食われにくいことが解ったといいます。アリの食害には大きな差があります。たとえば国産材のスギは、最近の住宅に多く用いられている外材のホワイトウッドに比べて、約34倍イエシロアリに食われにくいことが解りました。

4種類の樹木の、中心に近い部分約10個ずつを、イエシロアリの巣の上に置き、1ケ月後の質量減少率の平均値をしらべました。その結果は、国産ヒノキ0・1%、スギは2・4%で、外材のベイツガ48・4%、ホワイトウッド81・4%でした。

木材の自給率低下は問題

半世紀前は9割以上だった木材の自給率は、ただただ安価ということで外材に押され、いまでは18%まで落ち込みました。なぜ世界中の森林破壊を助長し、さらに移動に石油を使い、海外から木材を輸入するのか、理解に苦しみます。その結果、国内の林業離れが進み、山は荒れ放題になり環境悪化をも招いています。

そこまでの意味があるのでしょうか。その価格差ですが、たとえばよく柱に使う国産のスギ1本（10・5センチ角の長さ3メートルのもの）と、同じサイズのホワイトウッドでは1本当りの差はわずか230円です。100本柱を使う住宅でもその差は2万3000円しかなりません。なぜ2000万、3000万の木造住宅で、このコストをケチるのでしょう。木材のアスベストともささやかれているシロアリです。そのアリの大好きな餌としか思えないこうした木材を使用する業者に、私は疑いの目をもらます。ホワイトウッドを使用するような建売業者やハウスメーカーがいたら、避けたほうが良いように思っています。

ヒノキは高くない

ヒノキは、伐採後柱などの最終製品になってから300年間は強度が向上します。そして1000年たった時がその木を切った時と同じ強度になります。このように、ヒノキはズバ抜けています。それゆえ私は、自分が作る住宅の全戸にヒノキを使用しています。部位は土台、柱、スジカイ、間柱、タルキ等です。梁だけはヒノキでは無理なのでベイマツを使用しております。読者のみなさんはヒノキ造りの家はとても高いとお思いでしょう。

じつはそんなことはないのです。構造材ですから、ヒノキを使用しても1本数千円の世界です。1棟まるまる柱やスジカイに使用しても、せいぜい10万から20万くらいのアップですみます。たったこのくらいの出費で、地球の環境破壊を防ぎ、日本の地場産業を発展させるということになります。

エンジニアリングウッドは強度もあり、正確な寸法でとてもいいものですという、営業マンのセールストークに騙されてはいけません。エンジニアリングウッドとは単なる集成材のことです。なにを集めるかです。

ごみは100トン集めてもごみはゴミです。どのような樹種の集成材かが問題です。もちろんヒノキの集成材でしたら問題ありません。ホワイトウッドでしたらシロアリの巣の上に置いたら、キレイに接着材の部分だけ残して食べてしまいます。

レッドカードの設計者

住宅金融支援機構（旧住宅金融公庫）の技術基準のうち、住宅の耐久性に関して、外壁の接する土台を木造とする住宅に定められている項を引用します。

《外壁に接する土台を木造とする住宅》

次のすべてに適合するものとします。

① 土台の防腐、防蟻措置は、次のいずれかとします。

（ア）ひのき、ひば、べいひ、べいすぎ、けやき、くり、べいひば、台湾ひのき、ウェスタンレッドシダー、こうやまき、さわら、ねずこ、いちい、かや、インセンスシダー若しくはセンベルセコイヤによる製材又はこれらの樹種を使用した集成材等を用います。

（イ）製材の日本農林規格（ＪＡＳ）等に規定する保存処理の性能区分のうちＫ３相当以上の防腐、防蟻処理剤（北海道、青森県はＫ２相当以上の防腐処理剤）を用います。

お役所っぽい言葉使いなので分かり難いところがありますが、要するに土台にヒノキを使用すれば防腐材はいりませんよ、ベイツガやホワイトウッドでしたら防腐材で処理した木材を使ってね、ということです。

シロアリは死滅するけど人間には安全ですという薬材はあるのでしょうか。いくら人間にとって微量だから大丈夫と言い切れるのでしょうか。ましてやこれからは高気密住宅の時代です。防腐材を塗ったり、防腐剤を加圧注入処理をした木材が家の中にあるということに、不安を覚えるのは私だけでしょうか。

私は高気密住宅を作りつづけています。だからこそ、安全なヒノキやクリ、ヒバしか土台には使いません。これから住宅を建てるみなさん、ぜひ土台や柱にはヒノキを使うよう設計者に要求してください。外材の防腐材入りの土台を使いたがる設計者にはレッドカードを出してください。

スギ花粉症は「林種転換」の結果

ナイショですが私は国産材のスギがあまり好きではないのです。それは私がスギ花粉症だからなのです。戦前には日本にスギ花粉症などありませんでした。それは戦後、焼き払われた木造住宅の復興のために、全国の広葉樹の自然林を伐採し成長の早いスギの木に置き換えたせいです。それがあまりにも大規模に進められ、国土の7割を占める森林約2500ヘクタールのうち4割以上がスギなどの人工林に「林種転換」させられてしまいました。

その結果が国民の多数がスギ花粉症で苦しみ、山に木の実がなる木が激減したクマなどのけものたちが、里にでて食べ物を得ようと里の人間たちと摩擦が多くなりました。やはりこれも環境破壊の一種ではないかと思います。

国産のスギですから外材のホワイトウッドよりは格段に質が良いですから、これから輸入材の使用を禁止して、国産スギを大量に伐採し住宅を作るようにして消費を増やします。そしてスギ林のあとをまた元の自然林に戻し、山の保水力を高め、けものたちに山の恵みを再び返しましょう。そして人工林の割合を戦前くらいに戻し、持続させる林業を復活させましょう。一石三鳥くらいの効果があると思いますがいかがでしょう。それとも単なるスギ花粉症の一患者の妄想でしょうか。

7 ハウスメーカーって何だ――日本酒と逆ブランド現象

ここ数年のことですが、おいしい日本酒が一般に出まわるようになりました。地方の中小零細の心ある蔵元が、伝統を守り苦しさに耐えて頑張ったおかげです。そうして吟醸酒をはじめとする日本酒の銘酒ブームが定着しました。それに目をつけた大手日本酒メーカーが造った吟醸酒等が苦戦しております。

いままでの桶買いの酒に、醸造用アルコールと糖分を加え水増しした酒造りがたたったのかもしれません。どうせ大手が造ったものなど吟醸酒と自称してもニセモノに決まっている、まずいだろうというイメージが先行してしまいました。本当に米と製法を吟味してつくっても一般の消費者はそっぽをむいてしまいました。自業自得とはいえ大手にとってはかわいそうなことです。かえって大手のブランドが無印良品に負け有印悪品になったという印象です。

欧米にはハウスメーカーはない

日本の住宅業界も現状は同じようなものです。莫大な広告費を払っている大手住宅メーカーにマスコミは遠慮しているので、まだ逆ブランド現象はおこっていません。しかし――。

ドイツ最大のハウスメーカーをご存知ですか。またフランスやアメリカの最大のハウスメーカーをみなさんご存知ですか。私も知らないんです。なぜかというと、そもそもハウスメーカーというものがないのです。日本で、戦前からあるハウスメーカーってありますか。これもありません。ハウスメーカとは、世界の中で戦後の日本だけに存在する奇形の産業なのです。

またハウスメーカーが外国に住宅を輸出して貿易摩擦になったという話もありません。建築は基本的に地場産業です。だからハウスメーカーと同様にゼネコンも知られていません。私もドイツ最大のゼネコンの名前は知りません。住宅ですと、さらに農業に近くなりますから、お互いに他国の住宅産業のことは知りません。

それなのに外国の住宅をありがたがって輸入住宅とか、ある北欧の国の名前をつけた〇〇ハウスとかを建てている人がいます。〇〇ハウスのことを、口の悪い人は冬専用住宅といっております。庇が無く、夏暑そうだからでしょう。私からみると、冬期にこんな日照の多い国なのに、南側に小さい窓しかつけないなんて、もったいないことではありませんか。

安心して自社製品を食べられない！

食品メーカーの人で自分の会社の製品が安全で安心できるなら、そこの社員もその会社の製品の消費者になります。また町のお寿司屋さんなら誇りをもって自分でも食べるでしょう。うちの会社の近くにいきつけのお寿司屋さんがあります。そこに寿司屋の経営者がお寿司を食べにきたそうです。

その人は回転寿司の店を経営しているそうです。でも自分の店の寿司は絶対食べないそうです。なぜでしょうか。

レトルトのミートボールで売り上げを伸ばし、大成功した会社があるそうです。その製品のおかげでビルが建ったそうです。ところが、その会社で食品添加物のコンサルタントをやっている人の家庭では、とんでもないことが起こっていたのです。自分の娘の誕生日のことでした。彼は会社の仕事で忙しく、帰宅したときには食卓には自社製品のミートボールが並んでいた。娘の大好物だったからです。パパは驚いてそのミートボールをぜんぶ捨ててしまったというのです。まさか自分の家庭で食べているとは気づかなかったんですね。

そのミートボールは、骨にこびりついたくず肉を、鶏肉と添加物で食感を出し、トマトケチャップ風（トマトケチャップは高く使えません）合成ソースで味つけしたものだったのだそうです。そのお父さんは翌日、会社に辞表を出したそうです。『食品の裏側』（阿部司、東洋経済新報社）という本を出し、食品添加物のセミナーで全国を飛びまわっているそうです。

ハウスメーカーには他業種参入が多い

なぜ食品業界の話を出したか。この話は住宅業界にもあるからです。

ある関西の家電メーカー系の△△ホームの関係者から聞いた話です。そこの役員が自宅を在来の工法で町場の工務店につくらせたそうです。そのリークされた話によると、社内で問題になったそうです。トヨタの重役がベンツに乗っているようで、なにかおかしくありませんか。

また私が大学の同級生の家に遊びに行ったときです。彼の父親は子会社にプレハブメーカーを持つスーパーゼネコンの役員でした。その家もやはり在来木造の家でした。日本ツウバイフォー協会の会長の自宅が在来木造の家だったと、マスコミにすっぱぬかれたことがありました。

トヨタの社長はトヨタの車に乗ってもトヨタホームに住んでいないでしょう。本当にその会社の製品がよければ自分で使うでしょう。添加物だらけの漬物を売って、決して自分ではその会社の漬物はたべないというのと、他人には自分の会社の住宅を売りつけるけど自分では住まないのと同じです。

なぜそのようなハウスメーカーが多いのか。そもそもこの業界は、全く別の業界つまり非建築資本から参入してきた会社が多いからです。ようするにポリバケツ屋や食品ラップ屋が住宅を始めたからです。そこにあるのは、建築にたいする愛情ではなくただ利益を得るということだけではないか。私は勘ぐっています。

ある木質パネル系のハウスメーカーの創業者社長がこう言ったそうです。

「車屋に住宅のことが分かるか」

それを聞いたある自動車メーカーの当時の社長は、腹を立ててそれを非常に根に持っていたそうです。そして大学教授あがりの財務大臣と手を組み、そのハウスメーカーを会社更生法適用まで追い込み、ついに自分の会社で買収しました。もちろんその創業者社長はすぐに追放され、代わりに大臣の実兄を社長にすえました。非常に分かりやすい構図です。

車屋に住宅のことが分かるわけがないのです。ポリバケツ屋にも食品ラップ屋にもです。

そのハウスメーカーの創業者社長は、さすがに住宅のことがわかっておりましたので、現役の社長のころ、自宅を日本の伝統技術である木造在来工法で、すばらしい数奇屋造りの住まいとして建てたそうです。間違っても青森県の米軍基地の名前のついた自分の会社の××ホームで建てようなんて思いませんでした。

以下、私が共鳴するお二人の建築家の文章（要旨）を掲載させていただきます。

◆**参考資料**　**雑誌『室内』より**

ハウスメーカーは葬儀屋か（要旨）

今や住宅はハウスメーカーの時代です。いつからそうなったのかといえば、次第に力をつけてきた彼らが、かの阪神淡路大震災を機会に、一挙に前面に踊り出たのでした。日本全国津々浦々、どこを歩いても走っても、一見してハウスメーカーの仕事と分かる住宅が目に入らない場所はなくなりました。かねて住宅の工場生産なんて、日本では成り立つ筈がないといわれてきた時代を知るものにとっては、目を見張る変化です。

……ところで、自分の住まいのついての関心が薄いとは一体どういうことですか。それがこの問題の核心です。住まいほど、毎日の暮らしを通じて、ヒトに大きな影響をもつものは滅多にありません。住まいは、あなたの意志次第でどうにでもなるのです。ですから、しっかり腹を決めて、自分のこれからの暮らしを設計し、それに見合った住まいを作り、住むということに、相当の力を割いてもよい筈なのです。

……家を作ることは、面倒極まることです。まず、将来などという不確定の自分を想像しなければなりません。そして敷地を決める。設計者を選ぶために、あれこれ見て回り、話を聞く。自己主張の強い設計者とやりとりをする。工事費で必ず悶着がある。駄目工事が山ほど発生する。

設計者は施工者の責任だと言い、施工者は設計者がしっかりしていればおきなかったことだと主張する。間に立ってどうするか。ああ、なんと面倒な……。

……普段考えていない面倒なことは、専門業者に一括頼んでしまうように、世の中が作られています。例えば葬儀屋です。あれは万事お任せで大丈夫です。でも、住まいの問題は一日を争う問題ではありません。「室内」のバックナンバーを取り寄せて読み、じっくり考えて準備する時間があるのです。それでもなお、住まいを考えるのが面倒だという方は、生きてゆくことが面倒な方です。では、どうなさるのですか。

　葬儀屋と並べて失礼しましたが、ハウスメーカーは便利な存在です。一旦頼んでしまえば面倒がありません。但し、欠点もあります。その第一は、少々、或いは相当に値段が高いことです。それはそうでしょう。住宅展示場を維持する。立派なカタログを配り、新聞やテレビで宣伝をする。セールスパースンを多数雇って、面倒な相談に何度も笑顔で応じた結果キャンセルされても相談料を頂かない……。

　昔、ハウスメーカーはプレファブで安物といわれた時代もありましたが、今や立派な産業であり、それなりの間接経費を必要とするのです。欠点の第二は、自由が利かないことです。間取りは自由だなどといっても、それは限度のあることで、当然ながら基本的に間取りも構造方式も決まっています。さらに、四角くない土地は扱えませんし、傾斜地も駄目です。

　以上ご承知になってなお、ハウスメーカーがよいとお考えの方は、どうぞ住宅展示場へお出かけ下さい。美しい女性、ハンサムな男性が笑顔でお待ちしている筈です。

〈林　昌二（建築家）〉

だあれも設計していない（要旨）

そろそろ家を建てたいなァ、などと洩らすと、地獄耳ハウスメーカー営業マンが飛んでくる。ただご挨拶だけ、といいながら家族数、亭主の地位収入、資金のタカをつかんで、次の日曜日には平面図と完成予想透視図をもってくる。そこでコロリとまるめ込みされる向きは、ま、それはそれで幸せだろう。

家族はそれぞれの代々の歴史を負っており、当代はそれ練りの生き方をつむぎだす。これを家風という。着物に色柄があるように人柄、家族柄、という意味での家柄がある。それを立体にあらわすのが住まいの設計というものだ。

ところで営業マンが持ってくるのは隣の家と大同小異、全国的千遍一律ハウス。そのモデルは90年ほど前に西欧の住まいをアレンジした日本型文化住宅。家風、家柄にぴったりのたたずまいを設計せよといったって営業マンはキョトン。設計部の方に伝えますけどォ、ご予算のほうはいかほどに……。馬鹿野郎ぜ〜んぜんわかっとらん。

……営業マンはうるさい客だナと読むや早いとこ設計部に下駄をあずけて、自分は営業成績のあげやすいコロリ患者を探すのに専念。

で、次の日曜には設計部がやってくる。だが、その前の日曜に出てきたプランのバリエーションの域を出ない。ハウスメーカー設計部は、たしかに図面は引いているが、ほんとの意味での「住宅を設計」したことはナイ。コンピュータから押し出してる。大正文化住宅モデルの遺伝子を組替えてるだけなのである。中には蝶ネクタイ、さらにベレー帽まで演出してくるが、建築家だァなどと見まちがえてはいけない。

プランができたら住宅部品メーカーに部分を納入させる。玄関ドアメーカーが無限バリエーションカタログを持ってくる。もっとちゃうのはないか、二、三〇枚デザインしてこい。

……住宅全体は設計されていない。しかし部分はいろいろ決まっているので、たとえば玄関もキッチンも、部品がおさまるように組み合わせるのが精一杯で、設計する余地はナイ。美しいキッチンを設計せい、といっても、そんなことは設計部では考えたこともない。馬鹿野郎、と決裂。

ハウスメーカーはまっとうな設計は期待できない。ハウスメーカーにやらして設計料を節約しようと思ったのが間違いだった、やっぱり設計料払ってもええ、建築家に頼もう。これで大団円としたいところだが、はたして建築家なら住宅は設計できるか。そもそもいま時のハウジングモデルをつくり出したのが大正時代の草わけ建築家達で、とどめモデル公団2DKをあみ出したのも昭和二〇年代から活躍した戦後民主主義建築家（自称）達であった。

建築家全般には、著しく生活実感が欠如している。世に気の狂った心理学者とか社会人としてやっていけない社会学者、がたまにはいるが、住生活の中味を知らないのが建築家のほとんどである。だが、住宅を本当の「設計」できる建築家はいるにはいる。なんとか探しあててほしいい。ご成功を祈る。

〈矢田　洋（建築家）〉

8 断熱、気密、換気を総合的に――ワインとカビ

日本のワイン造りが盛んです。地域の特色を生かしたぶどう造り、ワイン造りが、北は北海道から南は九州まで、良質のワイナリーでおこなわれています。ここはブルゴーニュかと目を疑うようなワイン醸造所が北海道にはあります。およそワイン造りには適さないのではないかと思われる、焼酎王国の亜熱帯・宮崎にも、ワイン造りに命を賭けた人たちがいます。

でもここではワインの話ではなく、ワインセラーのお話をします。ワイン保存は低温多湿がよいとされております。日本の冬のように低温低湿ですと、コルクが乾いてしまい、ワインが劣化してしまいます。また、東京のような高温多湿でもだめでしょう。やはりヨーロッパの、それも地下で低温多湿が保てることがワインの保存に最適でしょう。

梅雨になってから愕然──私の失敗

東京で地下を寝室にした住宅がありました。半地下なので、壁の上部には採光用の窓があり、地下とはいえ明るい部屋でした。オーナー一家はイタリアのミラノの生活が長かったので、お洒落な色つかいの外観です。公園側に面した吹き抜けは大きなアールの開口部を持ち、天井高6メートルの25畳の居間がありました。最初は軽量鉄骨系のロングライフが売り物のハウスメーカーに頼んでいたのですが、プランがあまりにも下手で、気がすすまなかったようでした。たまたま高校の同級会があり、建築をやっている同級生と出会ったのを機に、彼に頼んだそうです。できあがった住宅は出来がよく、それまでのご主人は、「住宅は大手」と決めていたようですが、以来そうした考えはやめたそうです。とても気に入り、地下の寝室にイタリアから運んできた家具を置き、ゴキゲンな生活をおくっていました。

そこへやってきたのが梅雨です。イタリアにはないものです。デザインがいくらよくても、断熱と気密と換気が全く考えられていない建築でした。ひとたまりもありません。地下の寝室においてあるもの全部がカビてしまいました。洋服もカッシーナのベッドも、置いてあるものすべてといっていいほどです。極めつけはワインです。ここはイタリアの地下と違います。高温多湿の空気がたっぷりと入ってきました。そしてワインの瓶の中までカビてしまいました。

当然、設計者は責められます。どうしてくれるんだ、なんとかせいと。賢い読者のみなさんはもうご賢察だと思いますが、その設計者は私だったのです。

医者は腕がよくなるまで何人かの人を殺さなきゃなれないというコワイ話がありますが、建築家も同じで、何棟かの失敗作を作らなくては一人前の建築家になれないということです。

「ミラノ」の家

建築物理も水蒸気のこともなにも知らない私でしたが、必死に解決方法を考えました。壁の天井に近い上部にしか窓がなく、室内の空気がよどんでいるせいではないかと推察しました。解決方法として、よどみをなくすため、床に近い底面にダクトの入り口を作り、潜水艦の潜望鏡のように地上に換気扇で空気を排出しました。その結果、カビの発生はとまりました。

水蒸気分子の大きさ

その当時は、水蒸気の分子が10万分の4ミリメートルの大きさで、コンクリートの壁も通りぬける小ささとは思ってもいませんでした。酸素や窒素の粒子より小さく、空気の粒子より小さいといわれています。空気は温度が高いほどたくさんの水蒸気を含むことができます。20度では17・3グラムの水蒸気を含むことができます。1メートル角の立方体のなかに1センチ角の角砂糖が17・3個入るとイメージしてください。それが0度でしたら4・8個しか入れません。20度の空気で17・3個の角砂糖が、0度でしたら4・8個しかはいれず、残りの12・5個があぶれます。それが結露です。

外気温0度で、水蒸気の定員がいっぱいの空気。角砂糖4・8個分が室内に取り込まれ20度まで暖められました。今度は17・3個の定員まで、まだあと12・5個分の定員があります。湿度

（相対湿度）１００％の意味は、湿度によって全く意味が違うと思ってください。０度の時の空気は湿度（相対湿度）１００％で４・８グラムしか含むことができませんが、20度の時の空気は湿度（相対湿度）１００％で17・３グラムを含むことができます。

０度の湿度１００％の外気を室内に取り込み２０度まで温度を上げると、湿度は28％にしかなりません。定員５人のセダンから同じメンバー５人が定員17人乗りのマイクロバスに乗り換えたようなものです。座席は余っています。また同じメンバー５人が今度は定員４人乗りの軽自動車で移動したとします。１人はそこで降ろされてしまいます。これが結露です。30度の空気でしたら１立方メートルに30・４グラムの水蒸気を含むことができます。定員30人のバスのようです。

湿度（相対湿度）１００％というのは空気の温度によって全くちがうという理由はそういうことです。定員４人の軽乗用車に定員いっぱいの人が乗り、定員30人のバスに定員分の人数が乗り、同じ上乗車人員が定員と同じですといっても、そこには４人と30人の差があります。それが湿度（相対湿度）１００％の意味です。湿度（相対湿度）50％でしたら、乗車定員４人の軽自動車に２人乗り、乗車定員30人のバスに15人乗るということになります。

絶対湿度とは

絶対湿度とは、その温度の空気にどのくらいの重量の空気が含まれているかとのことです。たとえば0度の時の空気は湿度（相対湿度）100％で4・8グラムですが、30度の時の空気に同じ4・8グラムの重量の水蒸気が含まれていても、相対湿度は15・7％にしかなりません。絶対湿度は同じです。これは感覚的につかめると思います。冬の雪の日に湿度100％に近くても外にでて湿った感じは全くありません。むしろカラッとした乾いた空気を感じます。東京でいちばん湿度が低かったのは異常乾燥注意報が出る1月や2月ではありませんでした。その記録は5月に出ました。でも人は感覚的に冬の1月や2月のほうが5月より乾燥しているような気がします。これは絶対湿度の違いのせいです。

また水蒸気は冬には室内から外部に流れます。外部が雪で相対湿度が内部より高くてもです。満員の通勤電車の隣にがらがらの車両が連結してあったとします。乗客はその車両に移りたがるようなものです。

こうした水蒸気の動きや性質を知らないと、建物内部の壁の中に結露を起こしたり、カビを繁殖させて困ることになります。

場合によっては困りものの水蒸気を、熱とともにコントロールする技術が断熱、気密、換気です。

困りものの水蒸気

冬の外気を換気に使えば、たとえ湿度（相対湿度）１００％の空気でも、室内で暖めれば相対湿度の低い空気となり、結露が防げます。もちろん換気で逃げる熱も考えなくてはなりません。

あるフランチャイズの工法で、床下の換気口を季節によって塞いだり開けたりするシステムがあります。それは、梅雨があけたら閉じてある床下の換気口をあけ、呼吸するということだそうです。

でも、マニラ並の東京の高温多湿の空気を入れてどうするのでしょうか。カビではえませんか。そのフランチャイズに入っている工務店は、メンバーの時は言いませんが、やめるとじつはカビがはえて困ったといっているそうです。

またリフォーム詐欺まがいの床下換気扇を売りつける工事ですが、換気扇を回し外部の高温多湿の空気を取り入れてどうするのでしょうか。これらは余りにも水蒸気に対しての知識が無いということを露呈しています。

高気密と高断熱の組み合わせ

東京の調布市・多摩川の人から、住まいの湿気が多くて困っているという相談を受けました。住所が現しているように、多摩川のそばに位置しています。床下に換気扇が3台もついているのにおかしいということです。外部の高温多湿の空気を取り入れるだけでなく、床下の土のままの土間からも近くの多摩川からの湿気があがってきます。工事をする業者も、お客さんも、両方水蒸気の知識が無いという典型的なケースです。

対策方法は、床下全面と基礎の立ち上がりに防湿フィルムを敷き詰め、テープで目張りをし、換気口を塞ぎました。床ガラリを付け、1台だけ残した換気扇で排出するようにしました。土中からあがって来る水蒸気と、外部から侵入する水蒸気を防ぎ、効果は絶大でした。

気密が良いと湿度をコントロールするのに非常にやりやすいのです。いや、気密が保たれていないと換気ができないということです。室内環境には、気密だけでなく断熱も換気も密接に関係しますが、高気密だけでなくて、これと高断熱の組み合わせも必須です。

エアコンをかけて、26度に設定しても寒いと言う人がいます。27度でちょうどいいといいます。東京で室温27度は暑いんじゃないかと思われますが、そんなことはなく、快適です。これは高気密の効果で外部の高湿の空気がシャットアウトされたせいです。

小さな6畳用のエアコン1台か2台を運転をするだけで、湿度が40％台におちます。室内気候がこれでヨーロッパの夏になります。気密の悪い普通の住宅では、ガンガンにエアコンを効かして不快な風をめいっぱい吹かせないと涼しく感じません。

高断熱、高気密住宅でしたら、白宅に居ながらにして避暑地の快適な気候が手に入るということです。夏は外気温30度としても温度差は3度です。気密のバリアーがいかに効果があるかということです。

冬場は外気温0度で室温20度でしたら温度差は20度もあります。この場合、気密の悪い家のエネルギーロスはスゴイものがあります。ためしに、高気密でない住宅にお住まいの方は、家のコンセントのプレートをはずしてコンセントボックスのなかに手を入れてみてください。秒速40センチメートルのスピードで上昇する空気を感じます。漏気（隙間風）で逃げるエネルギーは36％以上になります。

真冬にいくら暖かいセーターを着ても、北風の中ではセーターを通して風が体に感じ、とても寒いものです。ここにウィンドブレーカーを一枚羽織ると全く違うことを、みなさんもご体験なさっていることだと思います。体で感じていかに気密が大事ということがわかります。

住宅でしたら、床も壁も屋根も6面全部完璧にシールして気密をとることです。高気密住宅をペットボトルみたいで体に悪いとか、中気密がいいなどと訳が分からないことを言う人がおります。隙間風と換気はちがいます。隙間が多いとエネルギーロスが多くかえって換気もできません。春秋は窓を開け風を通せばいいのです。

「入」と「出」をはっきりさせる

換気をしたい季節には「入」と「出」をはっきりさせた高気密住宅での換気装置がとてもききます。じつは日本には高気密の住宅は何百万戸もすでにあり、生活している方が多いのです。それはマンションです。但し気密は自然にとれているのですが、断熱と換気がとれていない住居が多いです。それでマンションの住民は結露に悩まされ、最上階の住民は暑さに悩まされています。でも、マンションの住民がペットボトルの中に住んでいるようで息がつまって窒息したという話は、まだ聞いたことがありません。

中途半端な知識（ほんとは全くの無知）を持った評論家や、フランチャイズの外断熱の工務店にだまされてはいけません。正確で豊富な知識を持った設計者のところに、まず相談にいってください。知らなければ私がご紹介いたします。

気密の悪い隙間風のある家というのは、ただ、だらだらと日常に無駄なお金を少しずつ毎日使い、貯金が貯まらず、いざというとき、たとえば不動産のような大きな買い物をするとき、頭金が全くないというようなお金の使い方の人の家だと思います。高気密住宅に設置する換気を計画換気といいます。お金の使い方も計画換気といきましょう。もっとも私は低気密の住宅のようにお酒で毎日お金を浪費しております。

9 断熱性能を高める——濡れたセーターと乾いたTシャツ

真冬に濡れたセーターを着て外に出る人はいません。でも、外出中に冬の雨にあったら、着ているセーターが濡れることがあります。その場合、いくら暖かいセーターでも寒くなります。これは水が熱を伝えやすいからです。やはり真冬は、セーターの上に風を通さない上着を着てでかけます。またいくら乾いていてもTシャツ一枚で真冬に外に出る人はいません。乾いたセーターは、ウールに含まれている空気が断熱材になりとても暖かいのです。シャツ一枚でしたら、いくら乾いていても空気の層が薄すぎます。やはり寒いものです。

真冬の外出に、人は風を防ぎセーターを着込み暖かくして出かけるのに、どういうわけか、自分の家では濡れているセーターか薄いTシャツ一枚かウィンドブレーカーなしのセーターだけという人がまだ日本では多いようです。

「断熱＋エコリフォーム」

濡れたセーターは繊維系の断熱材です。ある設計事務所の木造住宅の設計図に、壁の中に高性能の厚さ100ミリのグラスウールが充填されていました。気密シートは一切使用していませんでしたので、壁の中で結露を起こしそうです。その仕様どおり結露計算のソフトにいれて計算しますと、外部の構造用合板の手前、断熱材内部で結露をおこします。水に濡れるともちろん断熱性能はおちますが、構造材が朽ち、カビが繁殖してしまいます。ましてや一度水を含んだら放出しにくいグラスウールですから問題です。

呼吸をする天然素材の羊毛ウールを使えばいいのではないかと思います。中古マンションを買って断熱リフォームをしたいと思って、内部に100ミリの天然ウールを張り巡らせます。本当は外断熱にしたいところですが、マンションは外部の壁は勝手にいじることができません。内側に石膏ボードを張り、居間はやはりのエコの仕上げ材の珪藻土を塗って仕上げます。これで「断熱＋エコリフォーム」が出来上がりました。

このケースを建築家の森みわさんが、施工後3年間をコンピューターでシュミレーションしてみました。著書で書いています。

「壁のなかの相対湿度は、夏の四ヶ月間を除いて常に80%をこえ、カビ発生の危険をはらんでいることが判明しました。結露によって発生した壁のなかの水は、夏の間に完全に乾くことなく、秋を迎えると再び増加。コンクリートや断熱材の含水量は毎年増えていきます。これによって、断熱材の性能は少しずつ低下し、鉄筋コンクリートは劣化していく運命にあります。これはエコ建材によって省エネをはかった結果、シックハウスと構造の短命化を招く、わかりやすい一例です」

羊毛ウールですから文字どおり濡れたセーターになってしまいました。

基礎断熱工法

基礎断熱という工法があります。これはコンクリートの基礎の立ち上がりに、断熱材をはり、住宅の床下を室内扱いにして、基礎の換気口も作らず断熱する方法です。これをしますと、床下からの冷気と湿気の進入を防ぎ、建物の断熱性が上がります。私も採用している工法ですし、断熱をわかっている建築家は採用しています。

横浜で住宅を建てたときです、私がちょうど施工中の建物の隣で、やはり基礎断熱で発泡系の断熱材を使用し、外壁には繊維系の断熱材を使用した外断熱の住宅がありました。その建物の基礎断熱にウレタンの板を断熱材として使用しておりました。ウレタンも断熱性能はいいのですが、水を含みやすいという性質があります。

基礎の外側に土と接する部分に使用するとどうなるでしょう。水が溜まりやすい地面と接していいます。水を含んだスポンジ状になるような危惧を感じました。それにウレタンはシロアリがいちばん好む断熱材です。これで構造材がホワイトウッドでしたら一棟まるごとシロアリのご馳走です。

私は早速、写真をとりウレタンの断熱材のサンプルを現場からいただきました。それをコップの水に発泡ポリスチレンと一緒につけ、家を建てたいというお客さんに触ってもらっております。水をたっぷり含んだスポンジの感触と乾いた発泡ポリスチレンの感触の違いにみなさん驚いていています。いいネガティブキャンペーンの材料をいただきました。

乾いたTシャツというのは、断熱材が薄すぎることです。いくら乾いていても真冬に外に出るには寒すぎます。マンションの屋上の断熱が発泡ウレタンの40ミリや発泡ポリスチレンの25ミリでは薄すぎます。また木造住宅の屋根に空気層もとらずにグラスウールの75ミリや100ミリでは、これも薄すぎます。

屋根や屋上は過酷な温熱環境にさらされます。東京では真夏の日中の屋根や屋上面の表面温度が70度にもなることがあります。また冬季には晴れた夜間には放射冷却で外気温より冷えます。だからマンションの最上階や木造住宅の二階やロフトは、暑くて寒くていられないことが多いのです。

充填断熱

木造住宅の充填断熱で、壁のなかに50ミリくらいのグラスウールを入れた位では全く断熱の効果がありません。暖房を始めると壁の中を上昇気流が発生し熱を奪い、とてつもないエネルギーロスになります。これはウィンドブレーカー無しでセーターだけ着て北風のなかを歩くようなものです。

断熱材をただ厚く入れればよいというものではありません。もっとも、現状の多くの断熱材の使用をみると明らかに薄すぎますが。断熱材の使用は適材適所で気密と換気を組み合わせて考えるということです。

断熱材の位置により、外断熱、外張断熱、内断熱、充填断熱があり、それぞれ長所欠点はありますが、正確な断熱、気密、換気の知識を持てば、どのような工法でも断熱性能を引き出すことができます。私は外断熱、外張断熱、内断熱、充填断熱の全てをケースバイケースで使用します。

外断熱、内断熱

外断熱は建物の構造体の外に断熱材を張るもので、主に鉄筋コンクリートの建築に使われております。建物全部を断熱材で覆うので、断熱材が張られていない部分がすくなく、かつ、内部の鉄筋コンクリートが直接寒暖の差に影響を受けにくいので、構造体が長持ちします。また、内部の鉄筋コンクリートの部分がとても大きな熱をためてくれるので、それも有利になります。

多くのマンションのように薄い内断熱ですと、夏に天井に湯たんぽを並べていることになりますが、外断熱で十分に厚い断熱材でおおわれている屋上の鉄筋コンクリートの面が、夏には冷たい水をためた湯たんぽになり、冬には暖かい湯たんぽをためたようになります。湯たんぽに水を使用するのは、熱容量が大きいからです。これは一度暖めるとさめにくいという性質です。鉄筋コンクリートも熱容量が大きいのでこれと同じになります。結果的にこれが外断熱が断熱手法のなかでは好ましいと言われているゆえんです。

断熱材は繊維系と発泡ボード系との二つとも使用できますが、繊維系ですと、外部にさらに空気層が必要です。欠点は壁の厚みがとても増し、外装材を躯体に緊結する金物等に苦労することです。繊維系の断熱材ですと、最低100ミリ、150ミリは欲しいところです。150ミリを使用すると空気層が30ミリくらい必要ですし、外装の仕上げ材の厚さと構造躯体の鉄筋コンクリートの厚み200ミリと足すと、400ミリくらいの壁厚になります。

都内の狭い敷地ではこれを使用するには少し苦しいです。私の事務所のそばのビルは近隣商業地にあり、敷地が14坪しかありません。壁厚に400ミリとられると、建物に使える面積が大幅に無くなってしまいます。それゆえ発泡系のボード状断熱材で張り、空気層無しで仕上げました。それでも外断熱の効果があり、夏に最上階にあがっても暑くありません。

外張断熱

外張断熱は、木造や鉄骨造の外部に断熱材を張るもので外断熱に似ています。やはり外部を覆うように断熱材を使用するので、気密がとりやすく、熱橋（金属だけでできた鍋の取っ手のように、とても熱の伝わりやすい部分）ができにくいという長所があります。欠点は外部の壁が厚くなるということと、外部の仕上げが限定されることです。構造体の外に強度の低い断熱材を張り、その上に空気層をとるので、外部の仕上げの壁を支えるのが難しいのです。構造上軽くしなければなりませんので、サイディングなどに仕上げが限られてしまいます。意匠上サイディングしか使えないと安っぽくなる恐れがあります。

通常日本では、50ミリのボード状の発泡系の断熱材を使うことが多いです。そうすると柱の外部に構造用合板の厚みと、断熱材の厚みと、空気層の厚みと、仕上げ材の厚みをたすと103ミリにもなってしまいます。敷地の狭い都市部ではこれも厳しいことになります。

また空気層の壁を薄くするためでしょうか、15ミリか20ミリしかとっていないところがあります。壁の中の空気層は面材の影響で外部の面材から5ミリ、内部の面材から5ミリ抵抗で空気が流れません。15ミリの空気層でしたら実質的に5ミリの空気層しかないということになります。日照のない北側の壁でしたら、ほとんど空気が流れず、空気層の役目を果たしていないということになります。

石油系でも水を吸いやすい発泡ウレタンとか、繊維系も危険なことになる可能性があります。じつは外張り断熱で作られている住宅の空気層は、ほとんどが15ミリか20ミリしかとられていません。川の流れを見ると、岸に近い所はゴミがたまり水がながれていません。川の中央はよく水が流れています。川岸の摩擦抵抗で両岸の水が流れないのです。

これと同じことが建物の空気層でおこっています。壁の中の水蒸気を排出するための空気層がこれではいささか心配になります。

内断熱はおもに鉄筋コンクリートの建築に使用されます。長所は外部の仕上げの自由度が広いということです。

強度の強い構造矩体がそのまま外部に面しておりますから、コンクリート打ち放しでもタイルでも石でも全くの自由に使えます。全く水蒸気を通さない金属板も可能です。建築家のイマジネーション通りのデザインができます。室内の熱容量が小さいので、暖房も冷房も立ち上がりが早いということになります。ただ外部に行くほど水蒸気が通りにくい材料になり、コンクリートの壁の内側が低温になります。断熱材の設定を間違えると濡れたセーター状態になり悲惨なことになります。

内断熱で対応できる場合

マンションの全面リフォームを頼まれました。最上階ですので5月でもう暑いとのことでした。断熱リフォームもかねての計画を提案しました。鉄筋コンクリートのマンションですので、当然内断熱しかありません。現況の断熱材のままでしたら、真夏は灼熱地獄間違いなしです。

天井を落とし、水を含みにくく比較的強度のある押出法ポリスチレンフォーム保温板の、暑さ

１００ミリのものを屋根面の下に使用しました。既存の使用してある25ミリと合わせて１２５ミリの厚さの熱を非常に通しにくい断熱層ができました。効果のほどは絶大で、他の未施工の住戸とは、熱帯と高原の避暑地の差が出ていると思います。

事務所のそばで、一階が鉄筋コンクリート造で二階が木造という住宅の一階部分の改修を頼まれました。当然のことながら、私に頼むと断熱改修は漏れなくついてきます。一階ですので、壁だけを内断熱にしました。鉄筋コンクリート壁の内側にポリスチレンフォーム保温板のなかで、いちばん性能の良い3種bで製造している製品で、いちばん厚さのある65ミリを使用しました。夏に工事が完成しました。驚いたことにクーラーを使わなくても室内が涼しくなりました。その土地の上に断熱性能の良い建築物が乗ったせいで、地下の冷熱が上がってきたようです。その時思いました。

別に外断熱でなくても鉄筋コンクリートの建物は十分に内断熱で対応できるじゃないか。やれば快適に生活できる温熱環境に簡単にできる。なぜ今、過去でなく新築のマンションがだめなんだろうと思いました。でもそれは冬にTシャツ一枚、ウレタンフォームだから濡れたTシャツになってしまうのかもしれない。壁20ミリ屋根下40ミリのせいでしょう。

充填断熱は安価だが

充填断熱は、木造や鉄骨造の壁の中に繊維系の断熱材を充填させたり、繊維状の断熱材を吹き付けたりする方法です。またウレタンなどの石油系の断熱材を、壁の内部で発泡させる工法もあります。長所は安価にできるということです。とくにグラスウールでしたら、コストがかからなくて断熱性能が確保できます。

ただ鉄骨でしたら、鉄の柱や梁の部分が熱橋（断熱材と比べると鉄はとても熱を伝えやすいので、そこに集中して熱が流れる可能性がある。それをまるで熱を運ぶ橋のようなもので熱橋と名づけた）になるので注意が必要です。

また木造でもそうですが、内部に気密シートを張るのに経験と手間がいります。気密シートを貫通する梁や小屋束の廻りに気密をとるのが大変です。外の壁に面するコンセントボックスに、普通のボックスを使いましたらそこから空気がもれます。当然気密コンセントボックスを使用しなくてはなりません。気密工事になれた北海道の職人さんでしたら、なんなくできるでしょうが、東京あたりの職人さんで大丈夫かなと不安になります。

中断熱という方法

外断熱、外張断熱、内断熱、充填断熱以外にも少し特殊ですが、別の断熱施工の方法があります。

どうしても意匠上、内外ともに打ち放しのコンクリートの仕上げにしたいという強い希望を持つ人もおられるでしょう。ただ断熱性能は確保したいという建築家のために（レアケース）、中断熱という施工方法があります。

これはコンクリート打ち放しの壁で、断熱材をサンドイッチにしてしまうということです。これでしたらコンクリート打ち放しと断熱性能が同居できます。ただ鉄筋コンクリートの壁を2枚作るのですから、どうしてもコストはかかります。

このまま日本の断熱の基準がドイツや北欧並に上がった場合、外張断熱、充填断熱は、じつは致命的なことになります。充填断熱は壁の間に入れますから、壁の厚みより断熱材の厚みは増やせません。標準の在来木造の柱でしたら105ミリ角ですから、最大で105ミリの断熱材の厚みにしかなりません。また外張り断熱は、断熱材の外に空気層と仕上げ材がありますから、発泡系で50ミリ位しかなりません。これはグラスウール換算で100ミリくらいです。これですと両方の工法とも断熱性能が足りないということになります。しかも施工法としてこれ以上は増やせないということになります。

付加断熱、ハイブリッド断熱

そこで付加断熱という施工法があります。これは、充填断熱をした壁の外部に繊維系の断熱材を張り、断熱性能を上げる方法です。「充填断熱＋外張り断熱（繊維系）」ということになりましょうか。これですと十分に断熱性能を上げることができます。

欠点は壁の厚みがかなりあるということで、都市部の狭小敷地では厳しいことになります。あと、繊維系での断熱材の厚みがあるので、夏の逆転結露を起こす可能性があるということです。冬と逆に夏場の高温多湿の空気が外部より壁の中に侵入し、内部の気密シートの外側、室内の壁の仕上げ材のすぐ外側に結露を起こすことがあるということです。これを防ぐには、冬には気密と防湿のシートになり夏には透湿シートなるという、特殊なフィルムを張れば大丈夫です。

ハイブリッド断熱というのもあります。これは「外張り断熱＋充填断熱」というものです。壁の中に繊維系の断熱材を充填し、外部に気密シートを張り、その外部に押しだし法ポリスチレンフォーム保温板を張り、気密と断熱を確保するという方法です。

これですと中間に気密シートがありますから、夏でも冬でも結露がふせげます。利点として非常に気密をとりやすいということがあります。気密層が外部の構造用合板の上ですから、貫通した束も梁もコンセントボックスもありません。ですから、気密シートが張りやすく漏気が防げます。これをやるとグラスウールの内部で結露を起こし非常に危険だという人もいます。

内部結露計算を外気温度1・4度湿度66％、室内温度15度湿度70％の条件で、このハイブリッド断熱を計算しますと、全ての断面で内部の温度が結露する温度を上回り、全結露水量は0・00g／㎡hとなりました。

じつは高断熱高気密住宅の欠点が一つあります。それは過乾燥です。24時間換気をしておりまして、外部の空気を換気で取り入れますと、以前に説明した通り、外部の気温が低いと冬の雨の日でも内部は乾燥してしまいます。ほっておくと20％ということになります。それゆえ室内が70％ということもあり得ないのです。このことでも結露にたいして安全だということがわかります。それほどの壁厚がなくても断熱性能が確保できるというお薦めの施工法です。

参考文献

＊1　『建築断熱の考え方』（二〇〇四年、柿沼整三、オーム社）

＊2　『住まいの断熱読本』（二〇〇一年、北海道外断熱建築協議会編、彰国社）
＊3　『結露をとめる』（二〇〇二年、山田雅士、井上書院）
＊4　『建築の結露　その原因と対策』（二〇〇二年、山田雅士、井上書院）
＊5　『suisui わかる「結露」の本』（二〇〇四年、南　雄三、建築技術）
＊6　『「外断熱」が危ない』（二〇〇三年、西方里見、エクスナレッジ）
＊7　『世界基準の「いい家」を建てる』（二〇〇九年、森みわ、ＰＨＰ研究所）

10

各種断熱材のはなし——カシミアのセーター

カシミヤのセーターというと高級品のイメージがあります。中国やモンゴル、イランなどの寒暖の差が激しい地で育ったカシミヤ山羊からとれたもので希少価値があります。抜群の保温性と軽さ、保湿性とをもち、繊維の王様と呼ばれています。製品としてのカシミヤは世界で年6500トンしかとれないといわれています。建築の断熱材の王様は何でしょうか。やはり羊毛ウールでしょうか。

断熱材はその原料の由来により生物系と鉱物系と石油系に分けられます。また形状や施工方法によりボード（板状）、ロール状、ばら、現場発泡等があります。

断熱材に要求されるものは当然ながら、高い断熱性と耐久性（年数がたっても断熱性の低下がすくないもの)、それにコストだと思います。身につけるセーターと違い、住宅やビルは大量に断熱材を使用しますから、あまりにも高いものは使えません。

生物系の断熱材、羊毛ウール

生物系の断熱材はまずは羊毛ウールでしょう。人間が身につけるものですから、安全で暖かく放湿性があります。一度水を吸ったらはき出さない鉱物繊維と違い調湿がききますので、使い方さえ間違えなければ良い断熱材です。

施工中の安全性はすべての断熱材のなかでいちばんでしょう。ただ難点は、日本では価格が高いということです。同じ厚さのグラスウールの5倍から10倍します。最近は衣類をほぐしたリサイクル品も出まわっていますがそれでも高いものです。これを1棟全部使用すると、断熱材の値段だけで100万とかになってしまいます。よほどこだわりがあるお客で、予算がある住宅でしか使用できません。私はまだ1棟しか施工しておりません。でも現場の職人にとって最高です。直接手に触れてもチクチクしませんし、いつも身につけているセーターを手にとっているようです。

木質繊維断熱材

木質繊維断熱材というものがあります。ドイツでよく使用されているものでは、廃棄後に土に帰るというので、環境大国のドイツでは普通に使うようです。亜麻の繊維を原料にしたものと、木材のおがくずとかチップを原料にしたものがあります。エコロジーという点でも断熱性能という点でも良い製品ですが、日本では流通のルートがありません。またあってもすごく高いものになりそうです。

ドイツにコネのある建築家が直接輸入して使用したそうです。私も使いたいのですが、ドイツ語もできないしコネもないので、ただそういうものがドイツではあるということを知っているだけで終わってしまいます。

日本にも昔、性能はおちますが、木毛セメント板というのがあり、よくビルの最上階のコンクリート板の下に打ち込んでありました。日本の山では、間伐材の処理材として割り箸に使われていましたが、最近は中国製に押され壊滅に近くなってしまいました。間伐材が良質の木質繊維断熱材として処理されるようになれば、一つの産業として発展できるのではないかと思っているのですが。

セルローズファイバー

セルローズファイバーという断熱材の名前を聞いたことがありますか。紙の主成分のセルローズのファイバー（繊維）でできたものです。繊維と繊維の間にふくまれた空気と、繊維自身に含まれた空気で断熱性能がかなりあります。現在では原木からできたヴァージンパルプより、新聞古紙からリサイクルしたものがほとんどです。虫除けにホウ酸を混入して作られています。

壁のなかに水でといた繊維をホースで充填します。気密シート無しでも調湿性があるので、結露に対して安全だといわれております。やはりコストがグラスウールと較べると高いのが気にかかります。

ただほかの断熱材に較べて、圧倒的に性能のよい点があります。それは断熱性ではありません。防音性、遮音性です。私はピアノ室の防音に使いました。壁に遮音シートを使い、15ミリのプラスターボードを二重にし、グラスウールを充填し外にも発泡系断熱材を張り、モルタルを塗りました。それでも止まらなかったので、天井に吸音用のグラスウールのマットを張りました。それでもだめでした。

最後の手段として、外部にもうひとつ壁を作り、セルロースファイバーを入れました。それでやっとピアノの音が止まりました。遮音シートなどは、お体裁だけでまったく効きません。グラスウールの50ミリを100ミリの壁のなかに断熱材として入れるのと一緒です。遮音でしたら最初からセルロースファイバーを使うことをお奨めいたします。

炭化コルク

炭化コルクという、環境に負担をかけない断熱材があります。天然のくずコルクを800度で蒸気加圧圧縮して全体を炭化させます。コルクは加熱されたことで天然樹脂成分だけで自己接着します。固めるための化学物質はいっさい使用していないので、安全で調湿性もあり、いい断熱材です。ただ日本で買うと、価格がグラスウールの10倍以上します。

パルプ断熱材という厚いダンボール断熱材があります。板状なのでとりあつかいやすく、エコと断熱性に優れています。

生物系の自然系断熱材は総じて日本では高すぎます。ドイツでは普通に使われているので、ドイツ国内では安く買えるのでしょう。環境が叫ばれている時代に、日本でももっと自然系断熱材が安く流通してもらいたいものです。

鉱物系断熱材、グラスウール

鉱物系の断熱材の代表はグラスウールでしょう。日本では断熱材のシェアがいちばんです。グラスウールはガラスを溶かして繊維状にしたものです。高性能グラスウールは、通常の繊維で太さ7・8ミクロンのものを、4・5ミクロンにして細くしたものです。細くしてもアスベストよりずっと太い繊維なので安全であると、日本グラスウール工業会はいっております。いちばんの長所は安いということです。またそれにつきるといってもいいでしょう。

ただ吸湿性はよいが放湿性は悪いという性質があります。一度水に濡れたら乾かないということになります。気密シートを使用せず壁の中に充填するような無知な使い方をすると、内部結露を起こしカビの発生やシロアリ被害にあいます。しっかり気密を取り適正な施工をすれば、安価で良い断熱性能を引き出せます。

ロックウールは溶鉱炉で原料の耐熱性の高い鉱物を溶かして繊維状にしたものです。グラスウールに似ていますが耐熱性があります。繊維の太さはアスベストの100倍ありますから発ガン性には安全です。使用法の注意はグラスウールと同じです。

押出法発泡ポリスチレン

石油系の断熱材で押出法発泡ポリスチレンがいちばん歴史があります。スタイロフォームの商品名が代名詞になっています。ふた昔前に乳酸飲料をカルピスといったり、化学調味料を味の素といったのと同じです。

第二次大戦中にアメリカで軍事用の浮き材として開発されたものがもとなっております。独立気泡のためほとんど水を吸いません。紫外線に直接晒さなければほとんど痛みません。私の事務所に、40年前のスタイロフォームを、築40年の住宅のリフォームのときの現場からもってきました。現在のものとくらべてほとんど変化していません。

40年前、22年前、10年前、4年前と並べてありますが、どれもあまり変わりません。比較的強度があり、透湿性が小さいので防湿層は不要です。難燃材を混入しておりますが、もえても毒ガスは出しません。断熱材としてはバランスがいいので私はよく使います。あまり褒めるとダウ化工（スタイロフォームの製造会社）の回し者と思われてしまいます。ダウ化工さん、この本一万冊くらい買ってね。

同じポリスチレンフォームでもビーズ法ポリスチレンフォームというものがあります。発泡性ビーズを型の中で発泡、融着させたものです。発泡スチロールとよくいわれているものです。押出法発泡ポリスチレンとくらべると強度、断熱性とも落ちます。これはみなさん身近で手に触れるもので、親しんでいるものです。

ウレタンフォーム、フェノールフォーム

ウレタンフォームは、ウレタン樹脂に発泡材として代替フロンを使用して生成したものです。軟質は自動車のシートなどに使われ、半硬質はエネルギー吸収バンパーやヘッドレスト等に使われています。

硬質ウレタンフォームは、冷蔵庫、冷凍庫、それに建築用断熱材に使用されています。硬質ウレタンフォームはボード状と現場発泡があります。現場発泡は施工管理が十分でないと、所用の厚さが確保できない恐れがあります。

引火性が強いので、難燃剤を添加していても、注意しないと火災を起こす可能性が高いのです。よく工事中に引火をし火災が多発しています。また、燃えると毒性の強いシアンガスが発生しますので要注意です。また土中に使用すると、シロアリの被害に遭いやすいのでこれまた注意が必要です。

フェノールフォームというプラスチック系の断熱材でいちばん性能が良いといわれているものがあります。「難燃性」「断熱性」「耐熱性」「極低温特性」「耐薬品性」などで優れた特性があるといわれています。日本では１９６０年頃から生産が始まりました。業界のＷＥＢをみると理想の断熱材のように書いてあります。高性能フェノールフォーム製品は、積水化学工業とか旭化成建材のようなハウスメーカーが、同じ資本のグループ系列会社につくらせているのでしょう。

そのほかポリエチレンフォームという、よく梱包材として使用されている白くて柔らかい断熱材があります。柔軟性にとむので配管の保温材として使われています。

11 TPO――時と場合

ホテルで催されるパーティーにダウンジャケットで来る人はいないでしょう。軽くてお洒落なカシミヤのコートなどを着ていく人もいるでしょう。また、冬山にカシミヤのコートで登山する人もいません。普段着でしたらウールのセーターで暖かくしてブルゾンで風を防ぐというのも多いと思います。値段も考えての服装だと思います。

断熱材の選定は適材適所

断熱材の選定もそれと同じで、コストを考えながら適材適所で使用します。私は繊維系でしたら、自然素材の羊毛ウール、鉱物素材のグラスウール、ロックウール、また新聞古紙リサイクルのセルロースファイバーを使用しました。

屋根の断熱でしたら、スペースに余裕がある場合が多いので、気密シートを室内側に張ったうえにグルスウールを200ミリ敷き詰め、かつ、空気層をとり棟換気から排出します。安価で性能も出ます。ただ屋根の厚みが空気層と断熱材と仕上材でかなり厚くなります。高度斜線の厳しい地域ですと、かなり室内にスペースがとられます。

お客さんが、「薄くして空間をかせいでくれ」という要求でしたら、高性能のスタイロエース（押出法発泡ポリスチレン）を使います。これですと、グラスウールの倍くらいの断熱性能がありますから、100ミリでもグラスウールの200ミリと同じ位の性能になります。少し高価ですが、空間をお金で買ったということになります。

羊毛ウールはいいのですが、日本では高すぎます。先日、竣工して引き渡した住宅では、全面羊毛ウールの断熱材を充填しました。壁に120ミリ、屋根に200ミリ、気密シートを貼り、さらに外壁にスタイロエース30ミリを張り、屋根にはスタイロエース50ミリを張り、空気層を設けました。断熱性能は抜群のものになり、アレルギーをもった家族のかたも、自然素材の内装とあわせて満足してもらえました。

ただこの住宅は、同じ規模の普通の住宅が2棟建つほどの予算になりました。もちろん全てのグレードが高いものを使用しておりますが。

なぜ押出法発泡ポリスチレンなのか

板状の石油系の断熱材は私はスタイロフォームかスタイロエースしか使いません。なぜ押出法発泡ポリスチレンにこだわっているか。それには理由があります。

硬質ウレタンフォームの方が断熱性能が高いし、フェノールフォームの方はさらに断熱性能が高い製品です。

どこの組織にも、またみなさんの周囲にも、学歴とプライドは高いが実務の能力が低いという人がいるものです。マニュアルや教科書に書いてあることは知っているけど、全く応用がきかない、柔軟性が1ピコミクロンもないという人がいるでしょう。検察の記者クラブに入っている記者で、ガサ入れの前日、担当の検事の部屋で山積みの空ダンボールの箱を見て、何も感じないし察しもしない記者がいたそうです。一流大学を出て一流新聞社に入った記者ですが、その記者のおかげでその新聞社は「特落ち」になるでしょう。

ウレタンフォーム協会からクレームが来るかもしれませんが、私に言わせるとウレタンフォームは学歴とプライドは高いけど無能という人間と同じです。

まず価格が高い。少し性能がいいくらいなのに、押出法発泡ポリスチレンより2、3割高い。透水係数が押出法発泡ポリスチレンと比べて高い、水を通しやすいということです。一応データーでは硬質ウレタンフォームのなかでいちばん透水係数が低い（低いほど性能がいい）ので、0・040g／㎡h・mmHg、押出法発泡ポリスチレンなかでいちばん透水係数が低いのが0・028g／㎡h・mmHgとなっております。実際に水につけるとこのデーターは本当かいなというほど水をよく吸います。またシロアリの大好物ときています。なんでこんなものを使うんだと私には理解できません。

また酒を飲むといきなり酒乱になります。燃焼すると猛毒のシアンガスが発生するということです。日本災害医学会誌のデーターによると、マウス5匹の試験数で死亡率は5／5でした。100％死んだということです。ちなみに押出法発泡ポリスチレンの試験の死亡率は0／5でした。1匹も死なないということです。学歴とプライドは高いけど無能という人間で、すごくまじめで正直そうに見える人物に酒を飲ませたら、目がすわってきて酒乱になり噛みついてきたようなものです。

フェノールフォームさんは、仕事は押出法発泡ポリスチレンさんより2割できるけど、月給は5割余分にくれといっているようなものです。フェノールフォームの熱伝導率（低い数値のほうが性能がいい）は1種1号で0・022w／（m、k）以下、押出法発泡ポリスチレンB類3種で０・０２４ｗ／（ｍ、ｋ）以下となっております。価格差が性能の差の４倍も５倍もあるのでは使う気にはなれなせん。

12

熱伝導率の高いアルミは問題

——アルミ鍋とビールグラス

鍋はアルミでできているものが多いようです。それはアルミが熱をとても伝えやすいからです。熱が伝わりにくければいくら火にかけても中の料理ができません。どのくらい熱を通しやすいかというと、材木の桧の2000倍くらい熱伝導率があります。またガラスも熱を伝えやすく、熱いお茶をビールグラスに注ぎ、手にすると熱くて持てません。陶器の湯飲み茶碗でしたら持てるのに。

ほとんどがアルミサッシ

熱を伝えやすいアルミとシングルガラスで、建物から逃げる熱の30％にあたる開口部を作っているのが日本のアルミサッシです。ただ日本でもペアガラスの普及がやっと進んできて、現在では戸建て住宅向けのアルミサッシの出荷量の90％以上になっているそうです。

しかし、公共の建物やオフィス、学校、共同住宅、マンション、店舗などはまだシングルガラスが多いのです。この間も世田谷の自宅近くを散歩しておりましたら、竣工間際の都営住宅に使用されているサッシはシングルガラスのアルミサッシでした。

住宅にアルミサッシを使う国は日本以外の国では少ないということをご存じですか。たとえばドイツでは樹脂サッシの普及率は60％（アルミは20％）、アイルランドでは66％、アメリカでは46％です。残りは木製のサッシのシェアが多い国がほとんどです。

日本では90％がアルミサッシです。樹脂製は８％、木製は２％という割合になっております。冬の寒さが厳しい北海道では、新築住宅のほぼ１００％が樹脂サッシだそうです。

ところが日本では価格が高く、かつ防火認定をとるのが難しく普及が進んでいません。マスコミを賑わした偽装事件の一つに、樹脂サッシの防火認定の偽装事件がありました。国交省には防火認定を通るように、耐火材を厚くしテストを受け合格し、市場には別の製品を流通させた事件もあり、さらに普及が遅れそうです。

アメリカ製サッシ

外部にアルミを使い内部に木を使ったアメリカ製のサッシもあります。これですと防火認定をとれていますので日本でも使えます。内部からは木のサッシに見えますので、意匠性に優れ断熱性能もいいものです。ただ日本のサッシに比べると、倍から3倍の価格になります。ドル安なのになぜこんなに高いのか不思議です。アメリカでは普通の住宅に使用しているもので、高級品ではないはずです。

これをある住宅で使用しました。日本の木製品のレベルに慣れている普通の日本人から見ると雑にみえます。また、片引き戸の気密が期待したほどは出ませんでした。気密テストをしたとき、その片引き戸の部分だけ音がし、外部から空気が流入しました。それでもまだ高いレベルの気密がとれたのですが、そのサッシがなければ、あと半分の数値になったのにと残念に思いました。

ただ日本でも天窓は、外部にアルミを使い内部に木を使ったものが多いようです。結露が怖いからでしょうか。北欧の輸入品がシェアを伸ばしております。ヴェルックスというデンマークのメーカーで、日本法人が日本向けの仕様を作り、使い勝手をよくしてがんばっております。価格も安いので、私は天窓はすべてこのメーカーのものにしています。いままで、雨漏りとか結露の事故は私の会社ではまったく起こしていません。さすがに北欧のものだけあって、断熱と気密は優れております。

ドイツに住んでいる建築家やビルダーなら、黙っていても断熱サッシになってしまいます。だってそれしか市場に流通していないのですから。日本に住んでいる私にとってうらやましい限りです。日本では強く意識しないと断熱サッシがなかなか使えません。また価格がまだ高すぎます。

ある若手建築専門家との会話

ある都内の大学のパーティーにいった時のことです。建築学科がある都内のキャンパスのホールで開かれたものです。その大学のプロフェッサー・アークテクト（大学教授をやりながら建築家もやっているというお気楽建築家）が作った作品がその大学にあります。建築学会賞をとったそうで、外部のデザインと外構を含めての構成、内部の空間構成もうまいものがあります。内外ともにコンクリートの打ち放しで、道路に向いた北側のメインの外観は吹き抜けが設けてあり、大きなガラスが2層にわたってはめてあります。もちろんシングルガラスです。

　そのパーティーに出席した同僚の準教授に聞きました。

「今、環境が騒がれている時代にこんなもの作っていいの」

　まだ若い40代のその準教授は言いました。

「いや考えられているのです。だから大きなガラス面は北側に面しているのです。これが南側だったら大変なことになる」

　私は南で何が大変な事になるのか解りませんでした。南でしたら庇でサンコントロールが可能で、うまくつくれば冬場に相当な受熱量が期待でき、省エネの建物になるのに思いました。西側につくればそれこそ大変なことになります。おそらく夏場はまったくエアコンが効かず、室温は40度以上になるでしょう。

　まだ若い建築の専門家がこれです。ここの建築科の学生はどうなってしまうのでしょう。もっともこの建物に賞をあたえた建築学会ですから、日本中の建築界の温熱環境のレベルはこんなものでしょう。

無知が過ぎる！

いまあるゼネコンと私の特許使用承諾と技術供与の契約を結び、そこの技術者に自然エネルギー住宅と高断熱高気密のノウハウを教えているところです。先日も図面をもって当社の事務所に来ました。

自然エネルギー住宅と高断熱高気密モデル住宅を作るそうで、その打ち合わせにきました。二階の西側の窓が大きいじゃなのと指摘すると、その技術者は、じゃあ庇をつけましょうと立面図に庇を書き込みました。西日が庇で防げるなら誰も苦労しません。西日はほぼ水平で庇では防ぎようがないということを、その技術者は知らなかったようです。その人は優秀で、図面もきちんと描いてあり、一級建築士の資格も持っております。

日本の建築の専門家は、こと断熱、気密、換気、環境に無知が過ぎます。水蒸気理論を完全に理解しろとは言いませんが、西日は庇で防げないとか、南面の受熱量は冬がいちばん多くて夏がいちばん少ないという程度のことは知っておいてもらいたいものです。

◆付録《せたがや便り「断熱」とペアガラス》

ニューヨークに行く機会がありました。当社で住宅を建てた画家のお客様が、かの地で個展を開催されたので、それに参加するためでした。

安いツアーなので、着いたのが、ニューアーク空港という、都心から25キロ離れた空港でした。それでも成田よりずっと近いです。成田のターミナルビルと比べると汚くてボロいです。

その建物に使用してある大きな嵌め殺しのガラスを見て驚きました。ちゃんとペアガラスが嵌っていました。日本なら全ての空港を捜しても、おそらく一枚も無いと思われます。都心のタイムズスケアーのスターバックスにコーヒーを飲みにいってもペアガラスが入っていました。

私たちが宿泊した安ホテルでさえ窓はペアガラスでした。

銀座の店舗ショーウインドでペアガラスの店が何軒ありますか。エルメス一軒だけだと断定しても過言ではないと言えます。世田谷区内で世田谷通りを三軒茶屋から喜多見まで走って、ペアガラスを使った店舗は一軒しかありません。オークランドの対面の美容院だけです。世田谷区内の医療施設でペアガラスを使用した所は、私の知っている限りでは、これまた一軒しかありません。さくら中薗クリニックという腕の良いお医者さんのいる医院です（当社で設計施工）。

省エネ、省エネと政府とマスコミが騒いでいるわりには、とんでもない断熱後進国だと思いました。

いちばん暖かくしなければならない、医療施設でもどのくらい断熱が考慮されているのかガラスで解ります。いちばん熱が逃げやすい窓ガラスでさえシングルガラスで平気ですから、あとの部分は推して知るべしです。医者の患者を診る暖かい心と冷静な判断を、保温する施設が真の医療施設だと思います。

私自身に「暖かい建築を創る暖かい心を持ち合わせているか」と自問します。

こんなことがありました。

ニューヨークの五番街を歩いていると、手にプラカードを持ち、うなだれている十代前半の白人の少女がおりました。悲しい顔をして「私は母を失った」と書かれた段ボールを手にしていました。雑踏を通り過ぎる周囲の人と同様、私も足を止めるでもなく通り過ぎました。「どうしたんだろう。お母さんが行方不明になってしまったんだろうか。それで捜しているのかな」と一瞬思っただけでした。

本当に必要なのは、心の断熱材なのかなと思いました。暖かい心が大都市の冷酷さに冷やされないようにする断熱材とペアガラス。それが哲学であり、文学であり、美術や音楽でもある。そして素朴な宗教心。そういった真の教養が、私には欠けているんだと痛感させられました。

13 穴のあいたストローはいただけない

気密に気を遣う

ストローの途中に何箇所も穴を針であけ吸ってみてください。グラスの中の飲料は上がって来ません。気密の悪い家で換気をすると同じようなことになります。気密は換気にとっても大事ですが、省エネにとっても大事です。建物の隙間から逃げるエネルギーは36％以上あります。

世田谷で断熱リフォームをした住宅についてお話しします。増築部分は「外張り断熱＋充填断熱」にできたのですが、リフォーム部分は外壁をいじらず、内部にグラスウールを入れ気密シートを張っただけにしました。

グラスウールは100ミリ位ですからそんなに断熱性能はでませんが、気密に気を遣い、コンセントにも気密コンセントボックスを使用しました。気密シートも極厚を使い、通常は0・15ミリ位の厚みのところ、0・4ミリのものを張りました。冬、杉並区内の実家に帰ったとき、隙間風を感じてとても寒かったと言っていました。世田谷の家と比較したわけです。体感でだれでもその違いが分かるほど効果があるものです。

私も今、住んでいる住宅で気密の悪さを感じます。4年前まで住んでいた高気密高断熱の住宅との差を肌で感じます。22年前に私が設計し買って住んでいる住宅です。住む前に断熱リフォームをし、サッシは内側に樹脂サッシをつけ、屋根裏に断熱材を厚く入れました。それでも前に住んでいた家には遠く及びません。

外部の仕上げがレンガで、内部が漆喰なので、壁を気密にし仕上げを変えるにはもったいないのでそのままにしました。土間床でタイル仕上げなので、床下からの冷気の侵入はないのですが、コンセントボックスの中に手をやると上昇気流を感じます。身をもって気密の大切さを思い知らされます。

換気に気を遣う

以前住んでいた住宅の良さに換気の良さを感じました。まだ法律で24時間換気が義務づけられていないときに、24時間換気システム、それも熱交換のついた高性能のダクトシステムのものです。長期旅行から帰っても室温の低下がないと前にも書きましたが、それに増して快適なのは、家に帰ったとき臭いがこもっていないということです。どこの家に行っても、もちろん我が家でも、生活の臭いがしみついていました。焼き魚の臭い、トイレの臭い、ペットの臭い、体臭、あらゆる臭いがミキシングされ、蓄積されて発生しているようです。それがまったくなくなり、常に新鮮な空気がわずかな気流として家中に流れ快適でした。

都内でこの換気システムを使用した2世帯住宅を建てた人が言いました。親御さん夫婦の夫人が言うには、

「主人のあとトイレに行くの、本当に臭かったのでいやだったんです。ところが今ではすぐ後に入っても全然臭くないのよ。不思議ね」

24時間換気システムをうまく使うと熟年離婚の確率が減るのでは、と思います。この話を聞いた私は、今住んでいる中古住宅のリフォームには、トイレの24時間換気にしようと思っています。これで熟年離婚を防いでいるのです。

高級な換気システムは、外部から新鮮な空気を取り入れる換気扇用のモーターと、汚れた空気を排出する換気扇用のモーターとが別々についており、その両方の空気で熱のやりとりをし、冬は外に出て行く暖められた空気で、外から入る冷えた新鮮な空気を暖め内部に取り入れます。このシステムですと流量が安定していますし、家の中の気圧の調整も容易にでき、エネルギーのロスもすくなくてすみます。

外部から換気扇で室内に空気を取り入れ、排気は家の中の気圧が高いので自然に換気穴から出て行くという方式もあります。内部の気圧が高いので、壁の外からの余分な空気の侵入がふせげるので、よく手術室の換気に使われます。ただ住宅に使用すると壁の内部に余分な水蒸気を押し込むので危険といわれております。大手のあるハウスメーカーがこの方式を取り入れておりました。

換気扇と吸気口

排気だけ換気扇を使い空気の取り入れは吸気口を使用するという方式もあります。これですと安価に換気ができます。室内が常に負圧なので壁の中に流入する水蒸気の危険性が減りますし、うまく空気の流れを考えると、温暖地なら十分な換気をすることができます。

これも空気の流れを考えて換気扇の位置と吸気口の位置を選定したうえでのことです。ある設計事務所の換気計画を見ましたら、個別で同じ部屋の同じ面に換気扇と吸気口があり、その距離は1メートル以上離れていますから、ある程度有効ですが、どうしてもその部屋に空気のよどみが出てきます。私はいつも部屋の対角線上に吸気と排気を持ってきて、かつ、1部屋で完結しないで、寝室や居間で取り入れた空気をトイレや浴室で排気するように、全体の換気を考えます。クリーンゾーンからダーティーゾーンへといつも空気が流れるように設計します。最近では第三種といわれるこの方式を私は多用しております。

人間が生活していると、呼吸するだけで空気が汚れます。トイレや台所の臭気だけではありません。呼吸するだけで生じる二酸化炭素の濃度が上がります。また、家具や建材から発生するホルムアルデヒドもあります。いくら低ホルムアルデヒドといいましても、ゼロではありません。洗剤やその他のものから発生する化学物質もあります。

換気は人の生活する空間に絶対必要なものです。それどころか、換気が不充分だと危険なことになります。過去のシックハウスです。建材による化学物質の発生で化学物質過敏症になり、苦しむ人が多く出ました。この原因は建材による化学物質で、対策としては換気がいちばん有効だということを、国交省は早くから知っておりました。

断熱と気密と換気は三位一体

国交省の役人は、その後、薬害エイズの原因を知りながらなにも手を打たず逮捕された厚生省の官僚を見て、すばやく法を改正したのだそうです。24時間換気を住宅や店舗など人の生活する場所すべてに義務づけたのです。そんな裏話を、あるセミナーの講師が紹介しておりました。それでも結果オーライです。住宅の新築とリフォームに24時間換気が義務づけられたのはいいことです。

隙間の多い家屋に生活臭があって、気密の良い家屋に生活臭が無いということは、いかに気密と換気が結びついているかということです。断熱と気密と換気は三位一体ではじめて生きるものです。気密だけ取れている多くのマンションが、結露と暑さで悩まれているということがこのことを語っております。

過乾燥も困る

じつは高断熱、高気密住宅で換気をすると悩まされるのは、結露の正反対の過乾燥なのです。私もこの10年、冬はいつも湿度20％くらいで困っておりました。加湿器を4台も置き、浴室の換気扇を止め、浴槽の風呂蓋をあけても30％くらいにしかなりません。窓ガラスの結露なんてここ10年間見たことがありません。うちで高断熱高気密の住宅を作った人は、みな一度も結露をおこさないといっております。0度で湿度80％の外気が取り込まれ、室内で20度に暖められると湿度は20％にも下がります。湿度80％で室温20度で結露を起こさないのですから、壁のなかは安全です。

私がなぜ第一種熱交換型を使わないのかという理由は、フィルターの掃除が大変だからです。狭い点検口に手を突っ込みフィルターを外すのが大仕事なのです。外したフィルターを掃除するのがまた大変です。

虫の死骸や真っ黒なすすをとり、洗って干さなければなりません。いままで住んでいた住宅にいる賃貸人がここまでやってくれるのか心配です。フィルターが詰まってしまえば換気は効きません。また虫の死骸や真っ黒なすすを経由した空気でいいのかと思うことがあります。またこのシステムは高価で負担になります。

それでメンテナンスの簡単な第三種の排気だけ換気扇を使用するという方式にしています。気密が十分に取れている住宅でしたらこれでいいと思います。

14

太陽と「南」風

建物の向きは大切

建物の向きはすごく大切です。いくら高断熱でも、いや高断熱だからこそ、間違えると大変なことになります。もし西側に向いて大きなガラス面が吹き抜けの上部まであるとします。南北に通風の窓がありません。

この場合高断熱高気密住宅でしたら、それこそサウナ状態になります。熱は入ってきて出ていかない、貯まるだけです。室温は60度を超え、熱源無しのサウナ。

世田谷・下馬の高級住宅街にあるマンションは、夏、素晴らしい景観をみせてくれます。そのマンションは全戸西向きという設計なので、夏になると、どの住宅もいっせいに簾（すだれ）や葦簀（よしず）で西日を防いでおります。これだけの大面積に簾がかかっているのを見るのは圧巻で、まるで南の島のリゾート地にいるようです。

西向きの面は、夏、最大の受熱量を受けます。冬は最小の受熱量です。西側は夏暑く冬寒いということになります。

東向きの面も理論的に同じ熱量のはずですが、朝、周囲の土地が熱くなっていない時と、夕方、熱気が辺りに漂っているときの相乗の熱とは、体感が全く違います。南に向いた鉛直面は、冬至が一年でいちばんの太陽エネルギーを受けます。

また夏至が一年でいちばん少ない太陽エネルギーとなります。だから南は方位として最高で夏涼しく冬暖かいということになります。夏の日差しは庇で防げます。緯度35・68度の東京でしたら、夏至の日照角度が77・59度、冬至の日照角度が31・05度となります。うまく庇の出を考えれば、夏季に直射日光を遮り冷房負荷を軽減して省エネをはかり、冬季にはできるだけ日差しを室内に取り込み暖房として使えます。日照時間の長い冬の太平洋岸でしたら、暖房が要らないくらいになります。

冬の日差し、夏の日差し

冬の日差しを大いにあてにできる日本はめぐまれています。直接日射を取り入れて室内を暖めることができますし、太陽光発電にもおおいに寄与します。

冬、学校に通う子どもたちが、建物の影を避け日向だけを選んで歩いていきます。私も子どもの時そうしました。モスクワでそれをやると笑われるそうです。冬の日差しは全くあてにしていないみたいです。

夏の日差しは室内に入れない。冬の日差しは取り入れる。この基本を開口部の方位や庇でサン・コントロールするというのが基本です。夏の日射による窓ガラスの温度の上昇は、日本ではかなりのもので、あるオフィスは、ガラスの表面温度が65度にもなりました。ヨーロッパでも夏の日差しは暑く、ビルの窓にもよくオーニングという日除けをつけています。日本では、せいぜい遮熱塗装をガラス面に施す程度のようです。それでも、65度が62度に下がってよかった、よかった――。

春や秋の中間期は、窓を開けて生活すると気持ちがいいものです。高断熱高気密住宅でも、春秋は窓を開けたほうがさわやかです。真夏にも高断熱高気密住宅にお住まいでクーラーを使用せずに暮らしている人は多いようです。

屋根の断熱性能がいいから風通しさえよければ、茅葺きの農家のような涼しさがあるようです。

これは風が通り抜けるということが前提です。

風の流れ

東京ですと、夏、風は一般的には南から北へ吹きます。南と北と両面に窓がないと風は流れません。当然、南と北には窓をつけます。また地方によって風の吹く方向が違います。大阪でしたら西南の方から風は吹いてきます。京都御所でしたら東から。地方地方でちがいます。風の吹く方向を生かして窓をあければ快適な生活ができます。

まえにも書きましたが、西側に吹抜けのある家は、北側に窓が一つもありませんでした。東側は同じ棟の別の住居なので窓がとれません。西側の窓も嵌め殺しが多く、あまり窓があきません。南側は個室が並んでいますので直接吹抜けのある居間には、南にもありません。これを設計した建築家は考えたつもりなのです。北側には私鉄の線路に面しており、その乗客の視線と電車の騒音を防ぐつもりで北側に窓をあけなかったようです。結果的に居間が家庭用無料サウナなりました。

私の自宅の南に最近建った注文住宅があります。後から建てたのでうちに遠慮して設計したのかもしれません。北側の1階には窓が一つもありません。また二階には上のほうに嵌め殺しの窓が一つあるだけです。視線がいやなら高所にチェーン駆動で開閉できる窓でもつければいいのにと思いました。

住宅を設計するのならやはり風の入口と出口には窓をつけて欲しいものです。

15 日本は断熱後進国

断熱規定がない日本の建築基準法

日本の建築基準法の規定には断熱の規定がありません。あるのは耐震や防火や避難規定です。日本は地震大国ですから、構造の基準が厳しく、耐震性があらゆる建物に要求されるのは当然でしょう。また火災を起こさないように防火基準が細かく決められているのも当たり前です。

それでも火災を起こしたとき、安全に住人が避難できるような規定があることも理解できます。しかし、そもそも断熱の基準は全く無いわけですから、無断熱でも法律違反にならない訳です。守るも守らないも法律がないのですから、だれも本気でやろうとしません。だから最新の竣工した都営住宅でも、シングルガラスのアルミサッシでろくに断熱をしていなくても平気なのです。

駐独日本大使館、駐日スペイン大使館の話

これがドイツだったらそうはいきません。東西ドイツが統一されベルリンが首都になりました。そのとき日本も大使館をベルリンに新築しました。ドイツの法律に従い、大使館の建物は400ミリの厚さの断熱材で覆い外断熱としました。本国にある外務省の建物の貧弱な断熱とは桁違いです。外国の大使館を日本に作るときは、日本の法律に従わなければなりません。断熱の規定はありませんので、外断熱だろうが薄断熱だろうが無断熱だろうが自由です。

しかし、構造や防火や避難は強く要求されます。それはよいことなのですが、消防法によって真っ赤な消防ホース格納箱が壁の日立つところに設置されます。インテリアデザインがぶちこわしということになります。お洒落な国の建築家にとっては耐えられないかもしれません。スペイン大使館は格納箱のある壁一面を、同じ色の赤で全部塗ってしまいました。その赤い面がその他の白い壁に対して良いアクセントになっておりました。

次世代省エネルギー基準というものがありますが、それは建築主の判断基準を示しているもの

で、別に強制力はありません。アメとして住宅版エコポイントが決まりましたが、30万くらいでは高断熱化が進みません。やはり強制力を持った建築基準法で決めてもらわないと日本の住宅の高断熱化は進まないでしょう。

スウェーデンの断熱基準

まず、北欧のスウェーデンの断熱基準をみてみます。スウェーデンの断熱基準は、1990年からは、壁が270ミリ、屋根が500ミリです。もちろんガラスはペアガラスかトリプルガラスで、日本と違い店舗、レストラン、オフィスも、はては鉄道の車両まで、最低でもペアガラスが使用されています。

ストックホルムにある街の中の公衆トイレまで、トリプルガラスが嵌っております。古い建物も断熱改修が進み、木製のトリプルガラスを使った窓に変えられています。日本では古い建物の改修工事をしても、何も考えられておりません。

先日、京都に行ったおり図書館に入りました。大正期に建てられた旧館も改修してあり、スチールのサッシがアルミサッシに変えられていました。でも日本ですから立派なシングルガラスがはめられていました。スウェーデンではショッピングセンターまでペアガラスを使用しております。マンションやアパートの共用部もペガラスを使用してあり暖房までしてあります。日本ですとかなりの高級マンションでもあり得ないことです。

現在のスウェーデンの断熱はもっと進化し、無暖房住宅というものも数多く建ち始めました。外壁に435ミリの断熱材、天井には500ミリの断熱材を入れてあります。高性能の熱交換換気システムを設置しエネルギーのロスを極力抑え、取り入れた太陽の日射と人体と照明器具の発生する熱で暖房をまかなうという住宅です。特別な暖房器具は使わず、冬暖かく生活できるという究極の省エネ住宅です。

日本の強制力のない次世代省エネルギー基準は、いちばん寒さの厳しい北海道のI地区で壁の断熱材の厚さは130ミリ程度です。スウェーデンの基準の壁が270ミリとくらべると半分くらいしかありません。前に書きましたが、札幌のほうが暖流の影響を受けるストックホルムより寒いのです。日本でスウェーデンから住宅を輸入して販売している会社がありますが、これはスウェーデンではサマーハウス仕様だそうです。

次世代省エネルギー基準は国がしめした最高峰と消費者は信じています。強制力のない次世代省エネルギー基準でこれですから、日本の断熱のレベルが上がるはずがありません。

スイスの断熱基準

スイスでは、新築や大規模な改修を行う建物には、建築法規が熱エネルギーの年間需要量の制限が設けられています。これは車にたとえれば、ガソリン1リッター当たり20㎞以上走らない車には、国交省の生産の許可がおりませんよというようなものです。1平米あたり年間に暖房や給湯など年間消費量の上限が法律できめられています。

スイスでも80年代の始めには、今の日本と同じくらいに、断熱材はあっても3センチくらいと薄く（現代の日本のマンションとおなじくらいの断熱レベル）、年間床面積1平米あたり灯油換算で20リットルの熱エネルギーを建物に使用していました。

でも、スイスでは段階的に基準を引き上げ、２００９年には6リットルに法的規制が引き上げられました。これをクリアするには壁の断熱材は15センチ~25センチになります。これは法的な義務ですから、新築する建物や大規模な改修工事ではみなこのレベルになるということです。日本の建築基準法には断熱や熱エネルギーの年間需要量の制限はありません。

さらにスイスには、目指すべき省エネ基準として、民間の省エネルギー認証基準として「ミネルギー」というものがあります。スイスでは最低の断熱基準としても日本の目指すべき次世代省エネ基準をはるかに上回っています。これが「ミネルギー」ですと桁違いになります。驚くべきことにスイスでは次世代省エネ基準として「ミネルギーP」まで出てきて、実作があります。これですと、給油しなくても走る車というレベルです。暖房熱利用量は1平米あたり室温20度を保つのに、年間で蝋燭1本の熱エネルギーで済むということです。

スイスの省エネ基準

スイスの省エネ基準は厚い断熱材、断熱サッシ、熱回収換気扇というのは当たり前で、いちばん大事なのは取り入れるエネルギーの質が大切だと考えられていることです。「ミネルギー」では、エネルギー消費量の計算に使用する熱源の環境性に応じて係数をかけて割り出します。化石燃料を1として、電力は2・22、空気ヒートポンプには0・87、地熱ヒートポンプは0・74、木質バイオマス0・8、太陽熱温水器0という具合です。

日本のオール電化の流行と違い、スイスでは係数0・22を掛けられる電気ボイラーの使用は「ミネルギー」住宅では0パーセントです。電気は便利で安全なエネルギーですが、発電所で化石燃料で発電し消費地に運ぶと、スイスでは60%以上のロスが出るという計算なので、なるべく消費を減らしましょう、という考えかたです。環境やCO_2削減を根本から見直すということで、

CO_2削減のために原発を増やしましょうといっている某国の政府とは天と地の開きがあります。

「ミネルギー」住宅

注目するのは、「ミネルギー」住宅で木質バイオマスを暖房の熱源に使用した例が20％あるということです。薪やチップやペレット（おがくずを固めて固形化し使いやすくしたもの）をストーブの燃料に使っている家も多いという事実です。これで林業の活性化もはかれます。燃料の原料が間伐材として林業からいくらでも発生するからです。ここら辺もうまいので日本も真似してもらいたいものです。

スイスの高断熱住宅は夏も快適です。クーラーのいらないヨーロッパだから夏はどこでも快適だろう、と私たちは思っています。でも、スイスでも特に南部の平野では暑いのです。夏は30度をこし35度になる日もあります。また湿度も72％と高く、昼間は東京のような高温多湿です。

なぜ快適かというと、集合住宅でも戸建住宅でも必ず外部に日射遮蔽のブラインドがついているからです。日本のように内部にブラインドがあっても熱は80％以上内部にとりこまれてしまいます。外部の日射遮蔽のブラインドは角度や高さが調整でき、内部に取り入れる光の量をコントロールできます。

だから日本のように夏に西日が入って暑くて部屋に居られないということがないのです。これは高断熱住宅でなくても、スイスの住宅では普通についています。現代では「夏を旨とすべし」の日本の住宅より、「冬を旨とすべし」のスイスの住宅のほうが夏涼しく過ごしやすいということです。もっとも、日本にも高さの調整できる外付けブラインドがありました。簾です。近代的な高級マンションにちょっと似合わないような気がしますが。

平気で西側に大きな窓や吹き抜けの開口部をつくり、カーテンをつけようとする建築家やハウスメーカーの設計者や工務店が多い日本の建築界を見てみると、断熱以前の問題ですね。

断熱先進国と較べる

スイスやドイツやスウェーデンのような断熱先進国と較べると日本はこうなります。

車にたとえますと、スイスをはじめとする断熱先進国は、プリウスやインサイトより燃費のよい乗用車しか販売や生産が法律では許可されていません。その車が1リットルのガソリンで30キロ走るとします。日本では高級車も大衆車もほとんどが1リットルのガソリンで3キロしか走りません。お金持ちは毎日乗れますが、庶民はたまにしか乗れません。普段はリヤカーで荷物を運びます。

また移動は自転車です。雨の日とか荷物の多い日はやむをえず車を使います。でも年間のガソリン使用量を較べてみるとスイスのほうが少ないということになります。

暖房の期間は長く12月から3月まで使います。北海道ではもっと長く暖房期間があるでしょう。日本ではそれを間歇暖房、部分暖房、採暖ですませています。冬の朝、暖房器具をつけ暖まらないうちに出勤するとか、よそのお宅で応接間に通され、冷え切った室内で待たされ、寒さに震えた経験がおありでしょう。日本では一部屋だけ暖房とか、人が起きている時間だけ暖房といった暖房方法が一般的です。

スイスでは全館暖房24時間が普通です。それでも日本の普通の住宅よりエネルギー費がかかりません。寒さを我慢してエネルギー費をかけるというのはおかしいですね。快適でかつエネルギー費をかけないように、住宅新築の場合、スイスでは法律的に整備されているのです。日本ではそんな法律はありません。ぜひ日本も建築基準法を改正してもらいたいものです。

スイスの「ミネルギー」住宅には及びませんが、神奈川県の新百合ケ丘に、私が設計した住宅があります。２００平米の自然エネルギー利用の高断熱高気密住宅です。その家では夫人がパソコンで家計簿をつけていました。それによると、それまで住んでいた戸建１００平米住宅時代より光熱費が安いということです。

これに比べるとずっと小型の高断熱高気密住宅を建てた人がいるのですが、その方は、まえにすんでいた１Ｋの賃貸マンションよりも、今のほうが光熱費がかからないと喜ばれています。

これらの例でみると、私が設計した高断熱高気密住宅では、単位面積あたりの光熱費が二分の一から三分の一になったということになります。それでなおかつ全館快適で暖かいという生活をなさっております。

市民の合意と行政の規制

スイスでは住宅というのは新築してから80年や１００年もつのがあたりまえになっています。スイスの建築文化は、良い物を作り長持ちさせるというもので、石造でもれんが造でも木造でも１００年以上たった建築が数多くあります。スイスだけでなくヨーロッパは全般にそのような建築文化です。パリの市内の建物の70％以上が１００年前以前に建てられたものです。だからヨーロッパの町並みは美しいのです。

もっとも戦災を受けなかったパリやスイスの都市だからできたと思われるでしょうが、戦災で瓦礫の山になったワルシャワでは、破壊される以前の形状に忠実に、レンガを一つずつ積み上げ、旧市街を再現しました。そしてまた美しい都市を造りました。これは彼我の行政と住民の意識の差だと思います。

ひょっとしてこのような差が建物の断熱性能にまで現れているのでしょうか。市民の合意と行政の規制、これが美しい都市と高い断熱性を持った建築を創り出している。パリでは市内の建物全部に高さ8階までという規定を設けています。東京だったらあり得ない話です。都心の土地の高い一等地に8階建てではもったいない、規制緩和して超高層をたてさせろということになります。美しいパリのためならだれも文句を言わないという文化なのでしょう。

スイスの断熱規制は義務ですから、賃貸住宅にまで高い断熱性が要求されます。だからここでは、住宅に対する満足度は、戸建て賃貸住宅にかかわらず相当高いようです。高断熱が法律で義務化されているので、賃貸住宅の住民も快適な生活をしている人が多いのです。日本では賃貸住宅は単なる収益物件なので、断熱にお金をかける人はいません。もっとも公営住宅ですらろくな断熱をしてない国ですから無理からぬことです。

スイスもここまでの断熱先進国になるには、先駆者が道を切り開いたおかげです。そのパイオニアの一人、ロルフ・リューティーさんが設計し、1985年に竣工した住宅があります。『サスティナブル・スイス』を書かれた滝川薫さんがそこを訪れたときに関心を示したのは、建物の示す美しい経年変化でした。自然素材を多用したその建物は、床には天然石、無垢の天井板、梁等が使われ、それぞれが味のある変化をしていたというのです。日本のハウスメーカーや建て売り住宅によくあるような、張りものの床板や安っぽいビニールクロスはどこにも使用されていません。

ちょうど同じころ滝川薫さんのご実家がハウスメーカーで建てられたそうですが、かわいそうに、もう解体されてありません。同じ20年の時を経ていながら、一つは美しく年をとり、いま一つは取り壊されてしまった住宅。この差はなんでしょうか。

経年変化の美

日本でも古民家を見れば、重厚な梁を使い数百年の時を経たものもあります。京都の町屋も美しく年をとっております。一方、東京の世田谷に１９８７年に建てられた住宅があります。ロルフ・リューティーさんが設計した住宅のような温熱環境にはありませんが、建築当初からペアガラスを多用しておりました。

ただ本物の素材でつくられており、屋根は銅板で葺かれて、外壁にはレンガが使われています。玄関の床は寄せ木細工で、世田谷の最後の寄せ木職人が張りました。玄関の扱き抜けにはイギリスの19世紀のステンドグラスが嵌り、色ガラスから綺麗な光が降り注ぎます。居間の床は土間床でフランス製のタイルが張られて、天井の無垢の梁とあっております。壁は漆喰で塗られアクセントのレンガ壁と調和しております。

外壁の一階部分にはれんがが積まれ、上階の白壁のなかの木組みとで、古くなってかえって深みが出ています。

この家の経年変化を見ると、年を経て人格が高まり知識の蓄積が豊富になった人物を見るようです。ガレージの石畳と鉄のスクリーン越しに見える中庭の石像と植栽が、センスのよさを感じさせます。

この住宅を見た私の後輩の建築家がこう言いました。

「まるでヨーロッパに居るようです」

素材の使用法を見極めたうまいほめかたです。日本にある洋風の住宅は、ヨーロッパ調で素材の使いかたを知りません。この住宅は私が30代後半で設計したもので、思い入れがあり、時と共に美しくなるように見えます。これは私の自画自賛でしょうか。

木や石やれんが、漆喰という自然素材でできた家は人をほっとさせます。本来はすべての住宅が温熱環境が良いのはあたりまえで、そのうえに自然素材でできた家、というのがスタンダードになることを希求します。

消費エネルギー表示の義務付け

ＥＵでは新築と中古住宅に消費エネルギー表示が義務付けられました。床面積１平米当たりの年間エネルギー消費量をラベル表示され、その住宅をみれば一目瞭然となりました。もちろん賃貸住宅にも適用され、イギリスやアイルランドでは、Ａ１からＧまで住宅エネルギー評価で表されます。

これですと、日本の賃貸住宅はほとんどすべて最低のＧがつけられ、寒くて光熱費がかかることがすぐにばれてしまいます。この表示システムが日本でも導入されれば、持ち家も賃貸も、すべての住宅が消費エネルギーをいやでもめざすことになります。Ａ２やＡ３がごろごろしている賃貸市場があれば、Ｇの賃貸は断熱改修をせざるをえなくなり、全体の断熱レベルが飛躍的に上がります。

新築でもＡ１やＡ２は金利が安くなるという政策をイギリスやアイルランドのようにとれば、これも効果的になります。50ｋＷｈ／㎡以下で、アイルランドは１万５０００ユーロの補助金が受けられます。

２０１１年にはＥＵの新築住宅の省エネレベルが75ｋＷｈ／㎡以下になります。イギリスやアイルランドでは、国家試験を合格した有資格者のみが、政府の指定したソフトを使い、証書を発行することが認められています。

アイルランドをふくめEUでは、低所得者層向けの住宅を多く政府で供給しております。その予算の厳しい低所得者層向けの住宅でさえ、50kWh／㎡以下にするように、アイルランド政府は補助金を出すようにしました。日本では普通の公営住宅でさえシングルガラスで低断熱が普通です。日本は官民あげて住宅の温熱環境の大切さを理解していないことになります。

ドイツのエネルギー証明書

ドイツではエネルギー・パスと呼ばれているエネルギー証明書があります。2008年7月よりドイツの戸建住宅や共同住宅のオーナーは、それらを売却するときや賃貸にする場合、エネルギー・パスを提示することが、法律で義務付けられました。A〜Iまでの9段階あり、Aの15kWh／㎡／yのパッシブハウスレベルからEのエネルギー・パスを提示することが、法律で義務付けられました。A〜Iまでの9段階あり、Eの250kWh／㎡／yの標準的なネネルギー効率の家を経て、Iの400kWh／㎡／yの省エネ修復が不可能な古い家まであります。

その表示は解りやすく、Aの濃い緑からCの黄緑、Eの黄色、Gのオレンジ、Iの赤と、一目で分かるようになっています。これを法律で義務付けるところがドイツらしいところで、これから断熱改修と新築の高断熱化が、さらに徹底的に進むでしょう。日本でこれをやったら、公営の住宅をはじめ民間のマンションから戸建てまでみんな真っ赤になりそうです。

当然、ドイツでも省エネ住宅には住宅ローンの金利が優遇されます。借り入れ額の5万ユーロ（日本円で600万円くらい）分は通常の金利の半分くらいになります。その性能は住宅の設計者が保証しなければなりません。日本のハウスメーカーのように「屋根に太陽電池が載っているから省エネだ」というようなイメージだけでは通りません。

パッシブハウスってなに?

ドイツはパッシブハウス発祥の地といわれています。

パッシブハウスってなんでしょう。それはほとんどエネルギーを使わないで暖房ができる家ということです。自然に窓から取り入れた冬の太陽の熱と、人体や家電から発生する熱で、ほとんど家中の暖房がまかなえるという住宅です。

全く暖房のシステムが無いということではありません。冬に曇りや雪の日が続くときもありますから、補助的に暖房がついております。そのパッシブハウスの性能は、真冬日に暖房システムが故障しても室内温度が24時間で現状室温より0・5度より下がらないことを要求されます。昼間の日があるうちは暖かいが、日が落ちるとストンと室内が寒くなる日本の普通の住宅とは、桁がそれこそ二桁や三桁も違います。

ドイツでパッシブハウスの認定を受けるには、年間の冷暖房負荷がそれぞれ15ｋＷｈ／㎡以下、家電を含めた給湯、換気、照明等に要する年間1次エネルギー量が１２０ｋＷｈ／㎡以下、気密性能がC値換算で０・２センチ２／㎡以下という条件があります。これをクリアするためには、壁屋根には最低30センチ厚の断熱材を使用し、窓にはアルゴンガス入りの３層ガラス断熱窓を使用しなければなりません。

ここまで断熱性能が上がると換気のロスが多くなるので、高性能の熱交換の換気システムが必須です。

近年では熱交換率が90％を超える製品も出ております。冬に外気0度の冷えた空気を取り入れる時、内部の温められた排気で熱を交換し、18度にして取り入れます。それを20度に暖めるだけで暖房になりますから、その差2度空気を暖めるだけですから、あまり暖房にエネルギーは要りません。

このレベルのパッシブハウスが、ドイツ国内では６０００棟以上も建設されています。日本ではまだ、森みわさんが建てた鎌倉の家一棟です。

アメリカ在住建築家の視点

シカゴで活躍していた日本人の建築家とシアトルに在住の建築家のお二方に断熱の話を聞いたのですが、アメリカではあまり断熱のことを意識しないでも、自然に断熱性のいい建築ができるようです。アメリカではＬＥＥＤという仕組みで、細かく建物や集合体で分類されており、ランク付けと同時に税などのメリットも自治体で実施しております。それをベースに様々な設計が試みられています。

その一部としてエネルギーや資源の節約もカバーされています。当然でしょうが、米国と日本のアプローチは相当違うように思われます。日本はどちらかというと数値と製品の観点が強いように思われますが、米国はポリシーからの観点が主導とおもわれます。

シカゴの冬はとても寒く、ミシガン湖を渡ってくる北風で眉毛や鼻毛まで凍るそうです。ここでは30年前くらいから外断熱の工法は普通にあったそうです。

野沢正光さんという建築家の作られたご自宅では、アメリカ製のサッシを使用したそうですが、その木とアルミを使用したコンポーネントの見事さに驚いたそうです。最初の製品のうちから嵌っているガラスは（日本ではあとからガラスをつくって嵌める）ペアガラスでこれは当たり前ですが、すべてのガラスが強化ガラスを使用していて、そのガラスの強度のおかげで、大きくても小さくてもすべてのサッシの枠のサイズが同じ、という合理性にも驚いたそうです。

第二次世界戦争の日米の戦闘機の機銃の弾のサイズの話を思い出します。日本は戦闘機の機種（たとえば零戦とか隼のように）ごとに弾のサイズが違い、何種類も機銃弾を用意しなければなりませんが、アメリカの戦闘機はすべて一種類の弾のサイズに統一されていたそうです。これだけでも戦争に負けそうな原因がわかります。断熱から脱線しましたが、このアメリカ製の木製サッシは、ごく標準的な規格寸法の、ごく廉価な建築標準要素です。これだけ断熱性能の良い木製サッシが、安く普通に出回っているので、アメリカで住宅を作る人は黙っていても窓の断熱性能は上がります。

樹脂サッシ――彼我の差の大きさ

流通しているサッシの品質と合理性の、彼我の差に絶望したくなります。でも、まだ木造の住宅は断熱サッシが使用できますからいいほうです。

いま私は鉄筋コンクリートのマンションを設計しております。そしてビル用サッシを選定しようとしました。驚いたことに、ビル用建物を設計しております。当然、外断熱の断熱性能のよいのサッシには防火認定をとれている断熱サッシが一社もないのです。都内のそれも23区内でしたら、ほとんどの地域が準防火または防火区域に指定されています。ということは、いくら壁や屋根で断熱性能をあげても窓のアルミサッシが熱橋になり、そこから熱が逃げてしまうということです。これは絶望です。

日本の街中では、断熱性の優れた建物を作るのは法律的には不可能ということになってしまいます。

ある高性能の樹脂製の断熱サッシを作っている会社が日本にもあります。シェアも高く、相手先ブランドを含めると、ほとんどの日本の樹脂サッシはここの会社の製品ではないかと想像できます。

熱の通しにくい樹脂は外部の建具としては理想的な材料ですので、ドイツではよく使われています。ただ、日本は防火の基準が厳しいので、基準通りの防火性能を出すにはコストがかかりすぎます。

それでその会社は国交省の試験用には十分な防火性能のサッシを作り試験を通し、市場には安価な防火性能の落ちるものを販売しておりました。偽装ということになります。ドイツ製の防火認定を通ったものも日本で販売しておりますから、まったく日本でも樹脂サッシを使用することが不可能ではないのですが、その製品の価格を聞いたらどんな建築家も工務店も使用しないでしょう。

みんなで声を上げたい

断熱サッシを作る方法は、アルミのあいだに樹脂をサンドイッチにして熱を防ぐタイプと、外部にアルミを使用し内部に樹脂を使用したもの、外部にアルミを使用し内部に木を使い内部の意匠製を高めた物、全て樹脂で作ったもの、全て木で作った木製サッシなどがありますが、ビルに対応できるものは、国産ではほとんど無いということになります。

国交省の防火基準が厳しすぎるのか、日本のサッシメーカーにやる気がないのか、その両方か解りませんが、これではCO_2削減25％は難しいことになります。

一般の人たちだけでなく、建築の専門家の断熱知識の無さ、法律の未整備など、この国を断熱後進国にしている原因は捜せばいくらでもありそうです。かといって、このまま100年待つというわけにはいきません。

この本を読んだ人は声をあげてください。なにもすぐにご自宅を高断熱で建て替えろというわけではありません。なんでできたばっかりの新築の公立の小学校がコンクリート打ち放しで、アルミサッシでシングルガラスなの？　この時代に少しおかしいんじゃないの？　と、行政に言ってください。

もちろん、発注者の行政の人も無知、設計者も無知、施工者も無知です。この本を読まれた読者の人のほうが数段知識があります。

ご自宅や会社の新築やリフォームをするときは当然ですが、身近な公的な建物を造るときも断熱のご意見を伝えてください。みなさんの小さい声がやがて大きくなり、国のあり方を大きく変えていくことになります。

16 高断熱と高気密

法律と生産と流通を変えたい

高断熱と高気密の建物は日本にはいくらでもあります。農家の茅葺きの屋根は高断熱ですし、RCのマンションは高気密です。ただ最初から断熱と気密と換気を意識して建てられている建築は、日本では非常に少ないということです。それらをすべてクリアして、方位や素材やデザインを満たし、耐震性や耐久性をも兼ね備えたものが建築と呼ばれるものです。

そのような建物にいると心身にかかるストレスがまったく違います。私自身も高断熱の住宅に住んでいた時には夫婦喧嘩が少なかったような気がします。オフィスや工場も温熱環境がよくなれば能率が上がるような気がします。

法律に従って建てれば、自然に高断熱高気密住宅になるという国々がヨーロッパにはあるのですから、特別な建築ではありません。ドイツやアメリカでは普通に流通している戸建住宅用のサッシが高性能の断熱サッシになっています。

日本では使用不可か目の玉が飛び出るような価格のものしかありません。法律と生産と流通を変え、日本でも住宅を作れば、すべてが高断熱住宅になるようにすべきです。冬は寒く、夏は暑いという住宅はおかしいのです。

人が入るシェルターですから、冬は暖かく、夏は涼しく、かつ、消費エネルギーが少ないという住宅がだれでも当たり前に住める国になるべきです。

建物すべてが熱橋？

２０１０年７月のある日、都内の公立小学校へ行ってきました。竣工したばかりで新築間もない建物です。大きなガラスが嵌った吹き抜けがあり、内外ともにコンクリートの打ち放し仕上げで、明るく開放感のある建築でした。子どもたちも楽しそうに校舎になじんでました。さすがに私たちの育ったときと時代が違うのか、冷房も入ってました。外部のプロポーションもよく、キヤノピーが美しく影をリズミカルに落としていました。

しかし、冷房がかかっている割には暑いと感じました。壁は内外ともに打ち放しなので当然無断熱です。コンクリートの打ち放し仕上げにマッチしたシルバーのアルミサッシには、すべてシングルのガラスが嵌っていました。ほとんど全部のガラスは強化ガラスですから、安全性には気を使っているようです。

地球温暖化でＣＯ$_2$を削減しようという21世紀になって、公立の建物がこれですから、目を疑ってしまいました。建物すべてがこれ熱橋というふうです。日本ヒートブリッジ学会から学会賞をもらえそうです。

なぜこんなに日本の建築はいまだに温熱環境のレベルが低いのかと疑問になります。デザインや発想の面では、日本の建築家は世界で通じるようになりました。地震国ですから構造技術も進んでおります。設備も一流です。でも、建築のすべての分野の専門家のほとんどが断熱・気密・換気に関してのみ無知な人が多すぎるようです。

あるアルコール依存症患者をめぐって

このようなことは建築以外の専門分野でもよくあることです。医療の分野でもありました。皆さん、アルコール依存症という病気をご存知でしょうか。昔でいうアル中です。アル中患者のイメージですと、鼻の頭を赤くした中年男が昼間から酒を飲み、手が振るえていつも酔っぱらっているという感じを受けるでしょう。

でも実際のアルコール依存症の患者は違います。若い人もいますし、女性の患者もいます。インテリもいます。社会的地位のある人もなります。昼間は酒を飲まずにいられますし、数週間なら断酒もできます。

医療の専門家もアル中のイメージは漫画的なイメージに縛られている場合が多いのです。だから、高い地位にある人、優れた仕事をしている専門家、有名な会社や役所に勤めているホワイトカラーの人がアルコール問題で相談にくると、彼（彼女）の飲酒はこれこれの心理的葛藤によるものだと勝手に別の病名をつけ、トンチンカンな治療をする場合があります。また内科の先生でしたら、肝臓がやられていますから、私が直してあげます。治ったらお酒は二合以下にしなさいなどと言ってしまいます。

ある知人の女性のケースがそうでした。妄想がひどく、夜暴れるので、内科の医者に診せたところ、更年期障害の重いものでしょう、よく更年期障害でも妄想が出るのです。それを知らない精神科の医者はすぐに精神疾患にしてしまいます。ホルモンバランスが崩れているのでしょう。女性ホルモンを注入すればなおります。

その先生は専門分野では日本で5本の指に入る名医でした。でも女性ホルモンを注入しても症状はよくなりませんでした。精神科の先生に相談したところパラノイアでしょうとのことでした。また目も悪くなり、目医者には軽い緑内症でしょうと言われたそうです。記憶障害も出始め、銀行のATMにキャッシュカードを3枚も忘れました。不整脈も出て入院もしました。

その女性の知り合いのケアマネージャーさんに紹介されていった精神科の先生（中山道規先生、中山クリニック院長）がアルコール依存症の専門医でした。その先生は一目で見抜き、その女性に言いました。

「奥さん、あなたはアルコール依存症です。顔に出ている酒皶（しゅさ）（赤い小さな斑点）は、毛細血管が拡がりできたものです。これくらい出るには相当長期に大量に毎日アルコールを飲んでいなければでませんよ」

その先生は言いました。

「アルコール依存症は医者が悪くする。とくに内科と精神科の医者が」

私の失敗――床下換気扇

建築の設計者も同じようなものです。20年くらい前のことです。鉄骨のビルを設計したところ、基礎に大きな空間ができるので、床下収納にしようと考えました。湿気のないように床下換気扇を2台つけました。

建て最初の梅雨がきました。そのお客様から設計者にクレームがきました。床下に置いてあったものがびしょびしょに濡れて、カビがはえてきたとのことです。その設計者は思いました。おかしいな、床下換気扇を2台つけているのに、やはりケチらずに3台にすればよかったな、と。東京の夏、高温多湿の空気を床下に大量に換気扇で取り入れれば、このような結果になる——。設計者はそうした事態を露ほども考えなかったようです。無知な設計者、それは私です。

コマーシャルコーヒーとスペシャルティコーヒー

コーヒーの世界も同じです。例えば大手のコーヒーチェーン店の店長に聞いてみてください。フレンチプレスって何ですか、と。

ほとんどのコーヒー店の店長は答えられないでしょう。フレンチプレスはいちばんおいしいコーヒーの抽出方法です。よく紅茶を入れるときに使用する、ガラスの円筒にステンレスの金網のプレスが付いたものです。これは本来コーヒーの抽出用のものを紅茶に転用したもので、紅茶用をコーヒー用に転用したものではありません。逆です。またコーヒーの豆も流通している90％

がコマーシャルコーヒーです。

えぐみ、雑味、胃がもたれたり、胸やけがしたり、極端な場合にはジンマシンや頭痛をおぼえる人もいます。これは未だ熟れていないのに収穫したり、腐ったり、発酵したり、虫に食われた豆でも一緒に処理されています。

でもいちばんひどいのは農薬漬けのものです。最小限に使用するのではなく、収穫を最大限にする為に積極的に使用している農園の豆です。そして手で選らばれたのではなく、機械で無造作にふるい落とされて収穫された豆です。

ほとんどのコーヒーの関係者はコマーシャルコーヒーとスペシャルティコーヒーの2種類があるということすら知らないでしょう。コマーシャルコーヒーのなかにある知名度や希少価値のあるブルーマウンテンやハワイコナなどの名前は知っているでしょう。でもそれは味の品質基準ではありません。

要するに風味とは別次元で取引されているプレミアムコーヒーです。スペシャルティコーヒーのなかのさらにすばらしいコーヒー、カップ・オブ・エクセレンスの豆のつくりかたを、日本のコーヒーの第一人者、辻純一さんに描写してもらいましょう。

《標高1500～2000メートルの山岳地帯の手作業》　辻純一

朝日がのぼり、朝露が消え、野鳥が騒ぎ始める。雲が出てくる。蒸し暑くなる。そして夕方谷から風が吹く。熟れた豆だけ毎日手摘みに行く。やく2ケ月間摘み続ける。

収穫した実を削ぎ取り、硬い殻にはいった種をじっくりと日干しにする。早朝豆を袋から出し、外の広いテラスにきれいに広げる。偏って乾燥しないよう45分ごとに木のへらでかき混ぜる。そして夕方かき集める。これを約2週間毎日繰り返す。周りのほのかな草木や花の香りを種が吸収し、産地の個性を豊かにする。そして倉庫で寝かす。5月頃になるとその年の豆が出荷され始める。

これがコーヒーの新年だ。

産地の景色が見えるコーヒー

いいコーヒーをのんでいると世界観が変わる

辻純一さんは建築のご出身でして、アメリカの大学と大学院で建築学を学び、長くシカゴやシアトルで建築設計をなさり、いまもシアトルと日本を行き来して、ご家族はシアトルにお住まいです。まだ現役の建築家で日本でも建築活動をしております。この方のいれてくださるコーヒーは天下一品です。

お話を聞きながら飲むコーヒーは、辻さんのコーヒーに対する深い愛情と、これまたとてつもないコーヒーの深い知識を受け、幸福感を感じました。東京の両国に会社はあります。「マキネスティーコーヒー」という会社の名前です。ここのコーヒーを飲むと大げさではなく世界観が変わります。

アサノ正久さんという方がおられます。私はまだお会いしたことがないのですが、この方もコーヒーに特別のこだわりを持っている人の一人です。コーヒーの豆を南米や中米の産地まで買い付けにゆき、はてはコーヒーの国際審査員にまでなった方です。アサノさんも良質の豆だからこそ抽出方法にこだわりコーヒープレスをお薦めしております。東京の新宿にその会社あります。「トーアコーヒー」といいます。

この2社のコーヒーを会社の事務所で飲むようになってから、町の喫茶店ではコーヒーが飲めなくなりました。あまりにも不味く、スタッフにコーヒーに対する愛情と知識が全く感じられず、まるでハウスメーカーの作る住宅と営業マンのようです。

日本に高断熱高気密がまだあまり普及しないのは、建築の専門家が建築物理にたいしてあまりにも無知だからだと思います。ロイヤルコペンハーゲンやウェッジウッドのコーヒーカップにインスタントコーヒーをいれて飲んでいるようなものです。

知り合いのサッシメーカーの女性が、最近住宅を新築された奥様に言われたそうです。コンクリートの打ち放しのシンプルで美しい箱のような住宅でした。

「もう少し住みやすい家にはならないものでしょうかね」

参考文献

『アルコール依存症とは何か』（一九八八、斎藤　学、ＩＦＥ出版部、ヘルスワーク協会）

17 自然エネルギー住宅

背後の洞窟とつながったヴィッラ

イタリアのヴィエテェンツア郊外に、中世ヨーロッパを代表する建築家パラディオが設計したヴィッラ（別荘）があります。中世ヨーロッパでもイタリアの夏は非常に暑いです。建てられたのが16世紀ですから冷房はありません。暑さのなかを歩いてきた客人は、その別荘に入るとその冷え冷えした室内に驚きかつ喜びます。そのヴィッラは背後の洞窟とつながっていて、その重く冷たい空気を真夏のヴィッラに引き込み、冷気が室内に充満するという驚くべき仕掛けです。このヴィッラは本当のパッシブハウスで、冷房にかんしてはゼロエネルギーです。お見事としか言

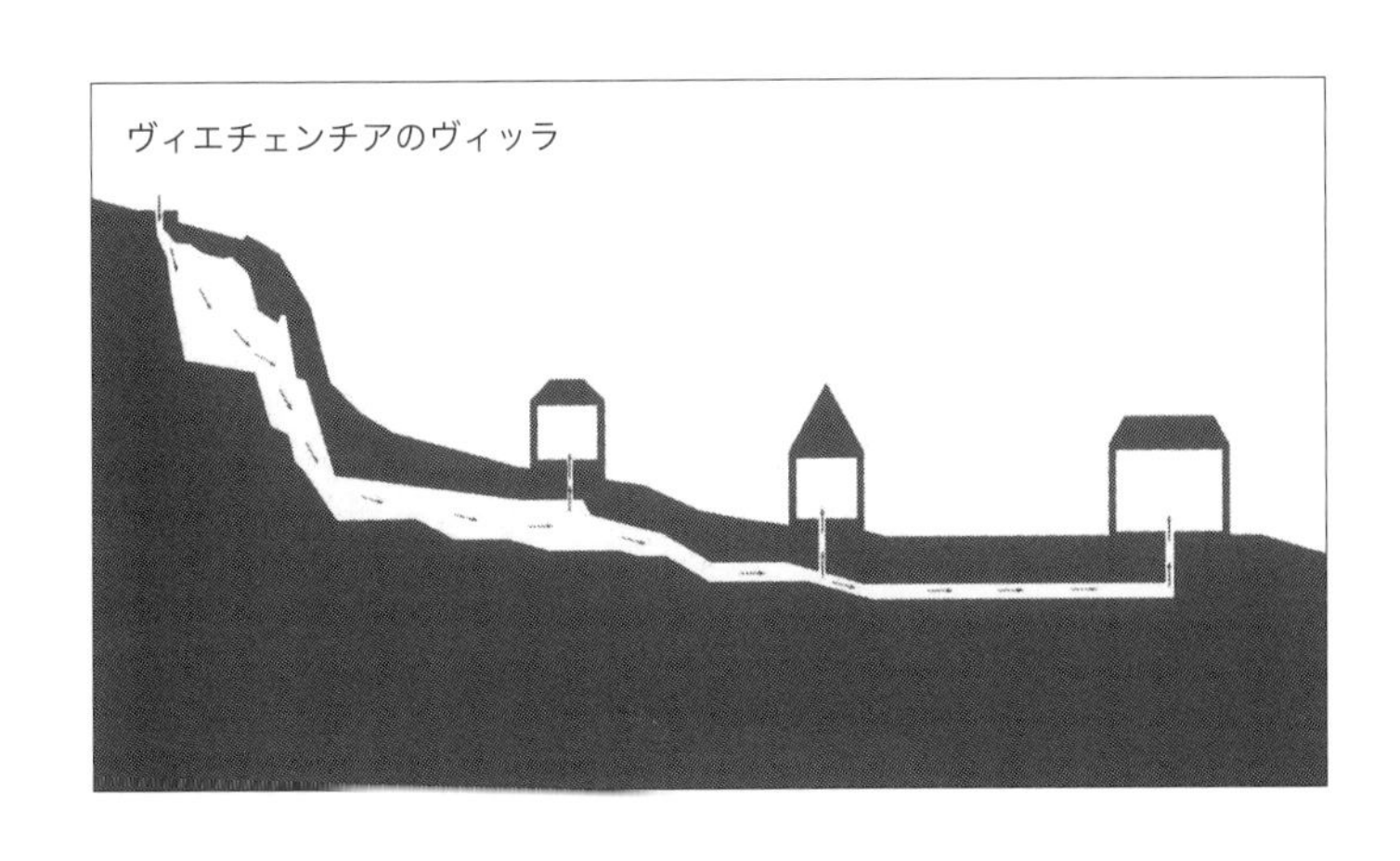

いようがありません。

このように冷房も暖房も全く動力を使用せず、自然エネルギーだけでまかなうという理想を目指したいものです。

完成した自然エネルギー住宅

世田谷で竣工した自然エネルギー住宅は2階の書庫が33畳あり、書斎も別に10畳あるという建築です。南側に道路があり、非常に日当たりの良い住宅です。そこは、ある大学の教授のお宅で、4万冊の蔵書を納めなくてはなりません。間口が広く、どの部屋も南に面します。非常に恵まれているのですが、本にとっては直射日光はいただけません。かといってせっかく日当たりのいい南面をすべて壁というのももったいないものです。

そこで書庫の南側にあえて大開口部をもうけ、大きなガラスを嵌めたサッシをいれました。その後ろの60センチくらい離れたところに天井までの壁を設け、書庫とは光を遮断いたしました。

その壁で冬の太陽光を受け受熱し、壁の大きな熱容量を利用して蓄熱をはかりました。昼間蓄熱された熱が夜放出され部屋を暖めるということです。これですと暖房に動力はいりません。条件が恵まれていますが、パッシブハウスができました。

重い本を載せるので鉄筋コンクリート造としました。当然のことながら外断熱です。構造上、地下に1メートル40センチくらいの空間ができます。基礎にも断熱をほどこしていますので、ここには冷気が充満していることがわかります。ヴィエテェンツア郊外のヴィッラと違い裏山にある洞窟ではありませんので、重い冷気は下りてきません。

そこでやむなくファンを使い、その冷気を冷房に使用しました。搬送にエネルギーは使いますが、空気を冷やすことと較べればずっと少なくてすみます。結果、過酷な夏と冬の効果は想像以上のものでした。

2013年1月14日の雪の日の午前8時の室温は暖房なしで20度で、2012年8月8日に冷房なしで室温は23度という驚くべき結果がでました。

地下10メートルのところは、大体その土地の年間平均気温と同じです。この地下に蓄えられているエネルギーは莫大なものです。

地熱を利用した自然エネルギー住宅

この地熱を利用した自然エネルギー住宅が日本にも昔からありました。それは古代の竪穴式住居です。穴を掘り、床部分を地表より下にさげ、茅葺き屋根を葺いたものです。当時の人は地下の温熱的な特性を本能的に掴んでいたのではないかと想像できます。

岩手県の御所野遺跡は半分地下にもぐっていますし、知床半島に近いカリカリウスの遺跡は、竪穴の廻りの彫り上げた土から底まで、2～2・5メートルあったとされています。そしてこれらの北方の竪穴住居は、屋根に土を載せ草がはえております。まるで屋上緑化された高気密高断熱住宅のようです。明治時代まで使用されていたアイヌの住宅チセから類推すると、現在の建て売り住宅やプレハブ住宅より、温熱環境ははるかに良かったのではないでしょうか。

川崎市の新百合ヶ丘という住宅地に現代の竪穴住居を創りました（口絵1頁参照）。その住宅の敷地は道路面より1・8メートル位あがっておりました。敷地を掘り下げ、地下室を設けました。地下といっても道路からのアプローチは、ほぼ高低差がなく玄関までバリアフリーで入れます。地階の構造をRCとし、1、2階を木造としました。木造の部分も鉄筋コンクリートの部分も含めて外断熱とし、高性能の断熱サッシを使用しました。

竪穴住居の効果は素晴らしく、真夏に玄関のドアをあけて中に入ると、冷房無しでも冷気を感じます。また真冬の厳冬期でも、暖房をつけなくてもこの住宅の内部の温度は明け方10度以下に下がることはありません。地下の床下の冷気をダクトで引っ張り、上階の冷房に利用する仕組みも作りました。冬は集熱板からの熱気を地下の床下に取り入れ、暖房と蓄熱に利用するというシステムも備えてあります。

あるゼネコンの技術者の方々が、そのシステムを見学に来たことがあります。冬でした。あいにくその日は雪で、自然エネルギーの暖房システムは稼働しておりませんでした。ただ、10メートルもの3層の吹き抜けがある200平米の住宅なのに、6畳用のエアコン一台で暖まる事に驚いておりました。

太古からの知恵を受け継いで

世田谷区のある住宅地に温熱的な竪穴住居を設計しました。別に地下を設置したわけでもなく、一階の床を掘り下げたわけでもありません。その建物の外周の基礎を1メートル位掘り下げ、基礎の外部に土中まで断熱材を張っただけです。7月の外気温が30度を越える日でも21度～22度と床下の温度は安定しておりました。この住宅を夏に見学にきた建築家が言いました。

「すごく涼しい。でもおれの創る建築は地球に優しくないな」

このように、私が設計した自然エネルギー住宅は、決して高度な技術を使用した、とてつもないコストがかかるものではありません。縄文時代の竪穴住居やアイヌのチセ、パラディオのヴィッラ、中国の地下住居ヤオトン、イランの風道の家と同じ系列のものです。だれでも、ほんの少し考えて、ちょっぴり勉強をすれば、できる自然エネルギー住宅です。

まず方位を考えます。そして冬の日射を取り入れることを考え、夏の日射を遮断することも考えます。屋根や壁の断熱性能を上げます。開口部の断熱も当然考慮します。気密と換気も勿論大事にします。春や秋の通風も大切です。そして安定した地熱も利用することを考えます。

こう記述すると簡単なことのようです。それはそうです。私が考えたことは太古から人々が住まいを作る時考えてきたことの延長線上にあるのですから。

参考文献

『パッシブハウスはゼロエネルギー住宅』（二〇〇九年、野沢正光、農文協）

（株）白岩工務所で取得した特許及び特許出願中の自然エネルギー利用の空調システムは特許庁のホームページ上に内容が公開されております。詳しい内容をお知りになりたい方はそこのＷＥＢでお捜しください。パッシブもアクティブもあります。

特許取得

特許番号　第3944181号　発明の名称　建物空調システム　発明者　白岩且久
出願番号　特許　2004-085857　出願年月日　２００４年３月24日
登録日　２００７年４月13日

特許番号　第4851147号　発明の名称　建物空調システム　発明者　白岩且久
出願番号　特許　2005-273311　出願年月日　２００５年９月21日
登録日　２０１１年10月28日

特許番号　第5084407号　発明の名称　建物空調システム　発明者　白岩且久
出願番号　特許　2007-230272　出願年月日　２００７年９月５日
登録日　２０１２年９月14日

特許番号　第5351210号　発明の名称　蓄熱空調システム　発明者　白岩且久
出願番号　特許　2011-122793　出願年月日　２０１１年５月31日
登録日　２０１３年８月30日

特許番号　第5833064号　発明の名称　蓄熱空調システム　発明者　白岩且久
出願番号　特許　2013-170894　出願年月日　２０１１年５月31日
登録日　２０１５年11月６日

18 国産材で持続社会へ

木造建築の文化

国産材の話をするのに、まずスイスの話から始めます。スイスは国土の30％が森林に覆われた森の国です。ヨーロッパは石の文化といわれますが、じつはどの国にも長い木造建築の伝統文化がありました。スイスやオーストリア、ドイツなどではいまでも木造建築の文化が続いておりま す。最近特に木造の家作りが見直されております。鉄やコンクリートに比べ生産に要するCO_2が桁違いに少なくて済み、かつ再生可能な資源であるという理由です。また構造体としては、圧倒的に鉄やコンクリートと比べると熱伝導率が少なく省エネになるということもあります。

スイスでは豊かにある国産材を使用した木造建築の研究が進み、いまでは木造建築ルネサンスとまで言われております。木造4階建てのエコ住宅サニーウッドは、その矩体に使われた材木の97%が地場の国産材です。

また、里山の森から薪を採取して暖房や給湯に使うというシステムが、日本と同じように昔からありました。ただ日本の場合、農山村にいってもプロパンガスで煮炊きをしていて、「山に行って芝刈り」などというのは、日本昔話の世界だけとなってしまいました。

しかし、現代のスイスではそれが生きていて、木材のチップやオガクズを圧縮したペレットという新しい燃料で、暖房や給湯をまかなう方法が普及しています。熱エネルギーの消費量の6・6%を占めるまでなりました。これらの木質バイオマスを使用した自動燃焼装置による全館暖房や地域暖房まで、ブームと呼ばれるくらい普及してきました。

危機にある日本の林業

ところが日本では、国土の67%をしめる山林がありながら、世界中から木材を輸入しまくっております。南洋の国々の森を裸にし、カナダやアメリカ、ロシア、北欧からも材木を日本に運んでおります。1960年頃には86・7%もあった木材自給率はいまでは20%を割り込んでいます。

やはりこれは少しおかしいのではありませんか。

67％の森林のうち、40％は人工林です。人工林は、植林し、育て、伐採して使い、また植えるというサイクルを守ることで、林業として今日まで受け継がれています。現在日本の森林は31億立方メートルという莫大な蓄積量があります。木は1年ごとに生長します。そしてその成長して増えた木材の体積だけで、年に9千万立方メートルあるといわれています。それは日本での年間の全木材需要量の1億立方メートルに匹敵する量になります。これは使ってもまたその分が増えて来るという、究極のリサイクルです。この山の木を使って持続社会をつくるべきです。ほんの少し前、昭和の中頃までは、日本も江戸時代よりもっとまえの時代からの持続社会であったからです。

このままでは日本が誇る木の文化が山の文化の衰退とともに廃れていきます。ビニールクロスの壁の中に隠された外材で作られた建て売りや、ハウスメーカーの住宅に木の文化がありますか。すべてプリントの塩ビシートでできた枠や巾木、建具などに日本の木の文化を感じるでしょうか。

割り箸の文化も危機に

そしてもう一つの「木の文化」の「割り箸の文化」も「山の文化」の衰退とともに廃れようと

しています。箸そのものは聖徳太子の時代に「箸食制度」が取り入れられたのが始まりです。「割り箸」は江戸時代に飲食店とともに普及しました。ただその時代はまだ割り箸は竹製で「引裂箸」と呼ばれていました。それが現在使われているような割り箸になったのは明治時代のことです。吉野で樽を制作していたとき出る杉の端材を有効に利用するためにできたものです。

日本製の割箸は、丸太から建築用材などを切り取った残りの端材や間伐材を使って作られ、割箸を作るために伐採される木はありません。ところが海外では木は安く原木をすべて割り箸にします。その安い輸入の割り箸に押され国内の工場は激減しました。地球規模で考えるともったいない話です。本来そのまま捨てられる端材や、森林整備で出た間伐材を活用し産業にもなったものです。それを潰し、山は放置され、職場もなくなりました。一方、ほとんどの割り箸を生産し輸出している中国は、他の国の森を潰して割り箸のためだけに原木を輸入しています。

過激に言えば「輸入材は環境破壊」「国産材は環境維持」となります。日本の木材紙の消費が世界の（特に途上国と移行国の）森林を破壊、減少させていることを日本の消費者は気づくべきでしょう。

森林の消滅は文明を衰退させる

森林が消滅すると、文明も衰退するということがいわれています。今から五千年くらい前に成立した、インダス文明やメソポタミア文明が衰退した原因は、都市の建設と住民の生活を維持する莫大な木材需要をまかなうために、周辺地域の森林を伐採しつくしたためだと想像されています。

現代の世界を覆う都市文明は、強烈なキリスト教の影響のもと、ヨーロッパで生まれた、自然と共生するのではなく征服するという思想がもとにあります。ヨーロッパの森林は急速に消滅し農耕地と牧草地に変えられ、森林とともに在来の森林文化も駆逐されました。現在それが地球規模で起こっております。

毎年、世界では、日本の国土の三分の一にちかい森林が消滅しています。このままいくと、地球規模で世界の文明は滅び、人間それ自体も森林とともに消滅しかねません。

まず、できることは、住宅を建てるときは、国産材を多用することです。エンドユーザーが大きな声をあげれば流れは変わります。そして木材をくまなく、端材からオガクズまですべて使いきることです。

日本ではまだ川上から川下までそのようなシステムが整備されておりませんが、スウェーデンを始めとした先進林業国では、木一本を丸ごと使いきるシステムができています。スウェーデンでは、エネルギー供給の20％まで森林バイオマスに依っています。

日本を再び持続社会にするために、国産材を使いましょう。

参考文献　参考WEB

＊1 『サステイナブル・スイス』（二〇〇九年、滝川　薫、学芸出版社）
＊2 『森林と人間』（二〇〇八年、石城謙吉、岩波書店）
＊3 『森の力』（二〇〇八年、浜田久美子、岩波書店）
＊4 森林・林業学習館 ホームページ
＊5 国際環境NGO FoE Japan「森林プログラム」ホームページ
＊6 NPO法人 国産材住宅推進協会 ホームページ

◆付録《せたがや便り「幸福な家」》

40年以上前に建てられた家に行ってきました。設計は浜口ミホ、戦後の女流建築家の第一世代です。施工は（株）白岩工務所です。当社の最高齢の私でさえ、当時高校生ですから、直接この建築にたずさわった人はもう当社にはいません。当時の社長である父は7年前に他界し、担当した技術者も他界してしまいました。

当時の15歳の少年の目に焼き付いた映像は、小高い山の上のロケーションとともに、今も脳裏に残っています。コンクリートの打ち放しの、プロポーションのいい、ピロティー、その空間にこそ合うという流線型のボルボのクーペ（P1800、1967年製）、吹き抜けの居間、植栽というよりフンドスケープアークテクチャーという言葉がぴったり当てはまる庭。

40年後の現在もそのままの形でその場所に立っていました。置いてある車は変わり、内外ともに古くはなりましたが、建築当時のままです。

その器の中でこの家の家族は成長し、愛し合い、ときには争い、そして老いていく。内部空間も外部空間も思い出の集積でいっぱいです。

この住宅はまるで人格をもってこの家の家族を見守ってきたようです。住宅自身も愛されたようです。ていねいに手入れをしてありました。

おそらく、家族のだれもこの家を建て替えようと思わないでしょう。メーカーハウスや建売住宅と違う幸福な家がここにあります。

設計した建築家も他界し、40年後の自分の作品を見ることはできませんが。

私もこういう家を創りたいものです。たとえ40年後自分の目で見られないにしても。

19 環境問題

若狭で見た風景

若狭の鯖というと有名です。京都まで鯖を運んだ、鯖街道といわれる道もあります。京都に旅行に行ったおり、若狭の焼き鯖を食べたくて、福井県の小浜市まで足をのばしました。地元の名産である塗り箸を買いに箸屋に立ち寄りました。そこで箸を買い求めながら、聞きました。このあたりで焼き鯖のおいしい店はどこですかと。それに答え、その店のおかみさんが言いました。

「お客さん。もう若狭では鯖はとれないんですよ。売っている焼き鯖はみんなノルウエー産ですよ」

それを聞いた私は、予期せぬ答えに驚き、悲鳴に近い声しか出ませんでした。

世界で400万隻をこえる漁船が稼働し、持続可能な漁獲量を超える魚を捕獲しているということを聞いたことがありますが、このような現実として突きつけられるとショックでした。再生可能であるはずの漁業資源が、乱獲で「海はからっぽ」状態になりました。獲れなくなったのは鯖だけではありません。タラもです。北海道の釧路漁港ではスケトウダラの水揚げが最盛期の9分の1まで落ち込みました。マダラも1970年に世界で310万トンあった漁獲量が2002年には89万トンまで減少しています。マグロは勿論、サメまでが減少しています。

陸では森林が人類の活動のため減少しつつあるのに、海も人間活動のせいで、海洋の生態系を壊滅させるような変化がおこっています。深刻化する海洋汚染、乱獲による漁獲の激減、珊瑚礁の破壊などです。

環境破壊と地球温暖化に抗して

そして地球の温暖化です。アフリカ最高峰のキリマンジャロ（5896メートル）にいつもある氷河が消えるのではないかと心配する人がいます。「キリマンジャロの雪が消えていく」おかげで、ケニア、ザンビアのルサカなどの高地の冷涼地まで、これまで繁殖できなかったマラリア蚊が繁殖し、マラリアに感染する人を増やしております。日本でもこれまで冷涼な東北地方などシロアリが繁殖できなかった地方まで繁殖し、いまでは北海道まで北上しているという話もあります。

またインドネシアでは、油ヤシを植えるために森林を伐採しております。またタイなどでは、エビの養殖のためにマングローブの森を伐採しております。いずれも換金できる商品をつくるためです。ヤシ油はマーガリンの材料として、エビは高級食材として先進国に輸出しています。

世界中がリンクして環境破壊と地球温暖化に突き進むしかないというふうにみえます。

CO_2はここ200年で25％増えました。その原因は化石燃料の燃焼と熱帯雨林の伐採です。この増えたCO_2の温室効果で地球の気温があがったようです。このまま地球温暖化が進み海水面があがりますと、多くの都市は消滅してしまうかもしれません。世界の多くの大都市は海に近いところか海に面しております。

『地球温暖化のウソ』というとんでも話を書いている学者もおります。その人の理論によると、地球上の氷が溶けてもたいして海面は上がらないとのことです。それはコップに浮かぶ氷が溶けても水はあふれない、水中に90％潜っているからだそうです。だから水の上の部分だけ溶けても、ほんの氷山の一角なので海水面は上がらないとのことです。

それは地球上の氷がすべて海中にあるとの前提です。南極大陸のいちばん高いところは標高が3800メートルを超えていますが、じつはその下の地表の高さが、海抜800メートルだということご存じですか。この氷床が溶けたらどうなるのでしょう。ご想像ください。

私たちが地球温暖化を防止し、少しでも環境破壊を食い止めるには、最終エネルギー消費の14・2%を占める民生部門の消費を少なくすることです。家庭用エネルギー消費の約50%が冷暖房用です。それには住宅の壁、屋根、床、窓ガラスなどの断熱性能を上げるのがいちばんです。

高断熱高気密住宅で自然エネルギーを利用して冷暖房を行い、かつ国産材で住宅をつくるのが、私たちにできる地球温暖化を防ぐいちばんの方法だと思います。

参考文献

＊1 『地球環境「危機」報告』（二〇〇八年、石　弘之、有斐閣）
＊2 『地球環境報告Ⅱ』（一九九八年、石　弘之、岩波書店）
＊3 『キリマンジャロの雪が消えていく』（二〇〇九年、石　弘之、岩波書店）
＊4 『地球温暖化を考える』（一九九五年、宇沢弘文、岩波書店）
＊5 『地球温暖化を防ぐ』（一九九七年、佐和隆光、岩波書店）

改訂版　おわりに

私にとって2011年の3・11は、とても衝撃的でした。自然災害の巨大さももちろんですが、この国の政治や社会構造のあまりに無知、無能、無責任さが明白になったことです。何千万という国民の命がかかっている現実に直面しても機能せず、福島第一原発の過酷事故が起こってから6年以上たっても未だ終息の見通しはたたず、放射能を海と大気に垂れ流している状態です。地震のないドイツが、今回の日本の原発事故をうけて、ただちに古い原発7基を止めたそうです。私たちの前には、エネルギー政策を変えさせて全原発を廃炉にもっていくか、核マフィアの洗脳が解けず騙されたままで次の原子力発電所の過酷事故で日本が滅びるかの二者択一しかありません。それなのに2017年現在でもエネルギー基本計画では原発新増設を明記して、原発を「重要なベースロード電源」と位置づけています。

廃炉こそが地球環境を守ることにつながり、地球温暖化を防ぐ道です。私も洗脳されていましたが、原発は温暖化の犯人だったのかもしれません。原子力発電は発生する熱量の30％くらいしか発電には使用していません。あとの三分の二の熱は捨てています。その熱量は膨大なもので、浜岡原発で出す排熱は、富士川から駿河湾に流れ込む水と同じ量の海水の温度を10度上昇させます。日本中で54基もあるから、そのすべてを足すと膨大な排熱が海水の温度を上げています。若狭から鯖がいなくなったのは、原発銀座と言われている若狭原発が原因だったのかもしれません。

さらに原発は、消費地の大都市から距離があります。その送電ロスでまた30％ほどの電力がなくなってしまいます。このような非効率なエネルギー源を削減しましょう。電力に頼る生活をすべてやめるといっているのではありません。原発の発電量のシェア部分くらいを節電しつつ、かつ代替エネルギーを増大させましょう。

それは私たちの小さな努力の積み重ねと、大きく政治の在り方を変えることで可能です。払った代償はあまりにも大きかったですが、共生と持続可能な社会を創り続けましょう。現在と未来の子供たちのために。そして私たちの魂の浄化と進化のために。

＊本書は『環境家族』（２０１０年、同時代社）を改題、大幅に加筆・修正した『改訂版　節電住宅』（２０１７年、同時代社）の第二版である。

〈著者略歴〉
白岩且久（しらいわ・かつひさ）
一級建築士
1950 年　東京渋谷で生まれる
武蔵工業大学　工学部　土木工学科卒業（現東京都市大学）
明治大学　工学部　建築学科卒業
卒業後、父の経営する工務店で設計を担当
1998 年に高断熱高気密住宅に出会い研究を始める
2003 年に㈱白岩工務所の代表取締役に就任
2007 年　自然エネルギー利用の空調システムで特許取得

〈著者連絡先〉
㈱白岩工務所　東京都世田谷区世田谷 2-27-19
電話　03-3420-2020
ホームページ　https://www.shiraiwa.net

改訂版〔第二版〕節電住宅―― 自然エネルギー利用の家づくり

2017 年 7 月 10 日　　初　版第 1 刷発行
2024 年 7 月 1 日　　第二版第 1 刷発行

著　者　　白岩且久
発行者　　川上隆
発行所　　株式会社同時代社
〒 101-0065　東京都千代田区西神田 2-7-6
電話 03(3261)3149　FAX 03(3261)3237
組版／装幀　　有限会社閏月社
印　刷　　中央精版印刷株式会社

ISBN978-4-88683-970-1